ホントの自分がわかる!? 心理テスト キラキラ★スペシャル

もくじ

 マンガ 「心理テストとの出会い」 ……………… 6

Part1 てってい的に調べちゃお! ホントのワタシ発見テスト

あなたはどんな女の子?
性格丸わかり診断★ ……………… 16

新たな長所を大発見♪
あなたのGood Point診断! ……… 22

あなたはいったいどんな人? 心理テストで内面チェック♪ ……… 26
　料理が出てこない〜!／どのバッグを買おうかな?／
　部屋のカーペット／シュミにチャレンジ!／クリスマスパーティー!／
　ポーチの中には……／写真を撮ろう!／不思議なお菓子の家

次は何が起きる!? 未来予想心理テスト★ ……………… 35

 マンガ 「成績のなやみも心理テストが解決!」 ……………… 44

Part2 キラリと光る、未知のパワー★ あなたの才能・能力診断

満点も夢じゃないっ!
おすすめ勉強法診断★ ……………… 50

めんどうくさい、遊びたい……
やる気アップ法診断! ……………… 54

シミュレーション心理テスト
あなたに取りつくサボり悪魔診断! ……… 57

まだだれも知らない!?
あなたの㊙才能診断♪……………… 68

天才？　ふつう？　それとも……！
組み合わせ心理テスト……………… 71

怪獣がきた!?／妖精のお礼は……／
魔法の図書館

☆マンガ 「心理テストでオシャレになれる？」………… 78

Part 3
目指せっ、見た目 100 点満点！
オシャレ心理テスト

女の子からの第一印象CHECK♪……………… 84

男の子からの第一印象CHECK♪……………… 88

今日のあなたにピッタリなのは？　Today's おすすめコーデ診断…… 92

効果バツグン！　スペシャルチャームアップ法診断 ………… 106

☆マンガ 「胸キュンしよっ！　恋の心理テスト」………… 110

Part 4
恋している人も、まだの人も♡
ときめきラブ心理テスト

てってい調査！　あなたの恋の始まり方……………… 116

未来の彼氏診断!?　あなたが恋に落ちる男の子……………… 120

当たりすぎ!?　あなたの恋愛　度診断……………… 127

カードを落としちゃった！／自分にプレゼント！／
大好きなぬいぐるみ／予約したけど……／
お菓子を作ろう★／愛用の筆記用具は？／
読書中に……／キレイにしましょ♪／
声優に初チャレンジ！／音楽のテストは？

セリフを予想しよう！　マンガde心理テスト……………… 137

★ マンガ 「心理テストで友情アップ！」 …… 144

Part 5 キズナをもっと強くしよう♪ 新友＆親友心理テスト

友だちの輪を広げよう！
新友リサーチ大作戦 …………… 150

何でも話せる大事な存在♪
心理テストde親友GET！ ……… 154

気になるあの子と仲良く★
親密度アップ法診断 …………… 158

あなたにピッタリなのは？
おつき合いテク診断！ ………… 161

4コマでマンガで診断！
友だちのウラの顔 ……………… 167

★ マンガ 「恋をかなえる心理テスト」 …… 176

Part 6 ㊙アプローチ法を伝授♡ めちゃモテテク講座

教えて！ この恋、両思い？ 片思い？ …… 182

私のこと、どう思ってる？
彼の本音CHECK 1 リアクションテスト ……… 185
彼の本音CHECK 2 ボディタッチテスト ……… 189
彼の本音CHECK 3 お絵かきテスト …………… 191

意外と簡単!?
モテテク心理クイズ……… 193
気になる彼をねらいうち！
効果○のアプローチ法診断……… 199

★マンガ「みんなで楽しく心理テスト」……… 210

Part 7 おもしろ診断集めたよっ★ ごちゃ混ぜ心理テスト

あなたのミリョクを診断！
転校先は魔法学校!?……… 216
異世界での未来を診断！
妖精の国へようこそ！……… 228
簡単！楽しい！
イラスト心理テスト……… 249
何でも丸わかりっ！
おもしろ4コマ心理テスト……… 269
　ネコとネズミの終わりなき戦い／
　彼と彼女の悲しい別れ／
　やっとチョウチョに
　なれる！

★マンガ「心理テストでキラキラ☆ハッピー♪」……… 276

スペシャルセット 心理テストつきプロフィール帳

……… 279

あなたのおなやみ診断

ココのズバリ、当てるわよ！

質問にYESかNOで答えるだけで、あなたの心のなやみが、ズバリわかるのよ！

YES ➡　　NO ➡

START

本よりもマンガの ほうが好きだ

→ 親には言えない ヒミツがある

イヤなときは 「イヤ！」と 言える

うーん

なやみすぎて 食欲がなくなる ことがある

人にじまん できることが ２つ以上ある

10

診断結果

診断結果から、あなたの**おなやみ**を当てちゃうよ！

診断結果 A　自分らしさが わからない……

あなたは今、自分の性格や才能になやみがあるのかも。自分らしさが何なのか、見失っているみたい。

診断結果 B　宿題・勉強が できない……

宿題や勉強のことでなやみがあるはず。やらなきゃいけないのに、できないことがイライラの原因に。

みとめたく　　　ない…。

診断結果 C　センスに 自信がない……

あまり、おしゃれのセンスに自信がないあなた。何を着ればいいのか、お出かけのときはいつもなやんじゃう。

診断結果 D　恋愛にあまり 興味がない……

あなたは男の子のうわさや恋バナに、あまり興味がもてないタイプ。初恋がまだで、なやんでいる人もいそう。

やっぱり…。

そうだったんだ!!

Part 1

てってい的に調べちゃお！
ホントのワタシ発見テスト

あなたはいったい、どんな女の子？
性格、長所、好きなことやウラ性格まで、
あなたがまだ知らない
「ホントのワタシ」と出会える心理テストを、
バッチリしょうかいしちゃうよ！
新しい自分を発見する旅に、
早速出発しよう♪

魔法の心理テストで、あなたの性格をズバッと診断！
いったいどんな性格なのか、早速チェックしてみよう♪

Part 1 ホントのワタシ発見テスト

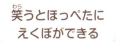

笑うとほっぺたに
えくぼができる

→ 診断結果 **A** 18ページへ

→ 診断結果 **B** 19ページへ

未来のことを
想像するのが好き

→ 診断結果 **C** 18ページへ

なぞなぞや
クイズを
とくのが得意だ

→ 診断結果 **D** 20ページへ

左手の小指が
左手の薬指の
第一関節より長い

診断結果 **E** 21ページへ

診断結果 **F** 20ページへ

17

診断結果① あなたの性格タイプと、もっと

A ポジティブで情熱的！
ほのおの熱血ガール

あなたは心の中に情熱のマグマをもつ、元気いっぱいの女の子。まわりの人から何を言われても、「私はこれがしたいの！」と自分の目標をしっかりもって、ゴールを目指せる人だよ★ 難しそうな課題ほど、メラメラと燃えちゃうタイプ。

もっと注目！ 人気アップのテクニック

ティッシュ＆ハンカチを持ち歩こう♪

いつもやる気いっぱいのあなたに、ぜひ持ち歩いて欲しいのがハンカチとティッシュ。ガサツに見られがちなあなたを、グッと女の子らしくしてくれるはず！

熱血ガールのお助けガールは？
いやしのピュアガール
困ったときは相談しよっ★

C 冷静でスマート！
エレガントな大人ガール

落ち着いていて、おだやかなフンイキがミリョク的なあなた。まわりの友だちから「なやみごとがあるんだけど……」と相談されることも多いはず。いつもムダなくテキパキと行動して問題をサッと解決しちゃう。知的な印象でエレガントだから、先生ウケもバツグン★

注目を集めるためのテクニックを教えちゃう★

Part 1 ホントのワタシ発見テスト

B

社交的で行動的！
自由なさわやかガール

好奇心おう盛で、気になることはどんどん自分から調べちゃう！　あなたはとってもアクティブな女の子だよ。ワクワクすることやドキドキすることが大好きで、ジッと家にいるより外に出かけたいタイプ。その身軽さが、とってもミリョク的♡

もっと注目！ 人気アップのテクニック

うわさ話を真に受けない★

社交的なぶん、うわさ話を聞くことも多いはず。でも、自分の目で真実を確かめるまでは、100％信用しないほうがよさそう！　人の話にふり回されないで。

さわやかガールのお助けガールは？

オシャレなはなやかガール

親友になれる◎相性！

もっと注目！ 人気アップのテクニック

積極的に何でもチャレンジ！

マジメでコツコツ努力する性格だから意識して新しい物事を取り入れないと、同じことのくり返しになりがち。気になったことは何でもやってみると◎。

大人ガールのお助けガールは？

ポップなユニークガール

耳寄りの情報を教えてくれそう♪

D マイペースで個性的！
ポップなユニークガール

あなたはどんなときも、我が道をいくタイプ。まわりの人がどうあれ、自分自身が「ステキ！」と思ったものにしか、興味をもたない人だよ。好きなものは「好き」、ニガテなものは「ニガテ」とはっきり言えるところが、注目の的になっているよ。

もっと注目！人気アップのテクニック

読書を始めてみよう★

「自分は自分、他人は他人」とはっきり分けているあなた。だからこそ他の人が何を考えているのか、学ぶことも大切。ピンときた本を読んでみよう。

ユニークガールのお助けガールは？
エレガントな大人ガール
疑問を解決してくれるよ！

F 注目度ナンバーワン！
オシャレなはなやかガール

最新の流行にくわしく、とってもオシャレなあなた。自分に似合うファッションを直感で選び取り、さらりと着こなすセンスの持ち主だよ。あなたがいると、まわりの空気が明るくなるの。パッと花がさいたような、ハッとするはなやかさが、あなたの何よりのミリョク♪

診断結果 ① Part 1

ホントのワタシ発見テスト

E 喜怒哀楽が豊か！

いやしのピュアガール

あなたは気持ちがとってもやさしく、たのまれるとイヤと言えない人だよ。困っている人に自分から「だいじょうぶ？」と手を差しのべる、親切なところがミリョク的。あなたがいるだけで「何だかいやされる」と、まわりの評判も◎だよ★

もっと注目！ 人気アップのテクニック

自分の意見を しっかりもとう♪

何でも「OK！」と引き受けていると、そのうちパンクしちゃうよ。できることとできないことはきちんと判断して、ときには断る勇気をもつことが大切！

ピュアガールのお助けガールは？

ほのおの熱血ガール

親身に話を聞いてくれるはず

もっと注目！ 人気アップのテクニック

オンとオフを きちんと分けよう！

オシャレには人一倍こだわるあなただけど、24時間、ずーっとがんばり続けるのはNG。リラックスする時間もつくって、オシャレを楽しむように心がけてね。

はなやかガールのお助けガールは？

自由なさわやかガール

似た者同士ですぐに仲良く

テスト2 新たな長所を大発見♪

あなたの Good Point 診断!

質問を読んで、当てはまる答えに進んでね!

START

1
部屋のカーテンを開けるところをイメージして。右から開けた?それとも左?

右 → **2へ**

左、もしくは左右同時 → **3へ**

2
休みの日、買い物に出かけることにしたあなた。だれをさそってショッピングする?

友だちや彼 → **4へ**

家族 → **5へ**

3
道でお金を拾っちゃった! まわりにはだれもいないみたい。さあ、どうする?

交番に届ける → **6へ**

もらっちゃう! → **7へ**

4
外国旅行のおみやげに、不思議な植物の種をもらったよ。どこに植えようかな?

植木ばち → **8へ**

庭 → **9へ**

5
悲しい物語を読んだあなた。最初に考えたのは、いったいどんなことだった?

主人公がかわいそう → **10へ**

こんな話をかいた作者はひどい → **12へ**

6
オリンピックで活やくする選手にサインをもらったよ。さて、あなたの感想は?

やっぱりすごい! → **10へ**

たいしたことないなぁ → **11へ**

22

Part 1 ホントのワタシ発見テスト

自分でも、まだ気づいていないあなたのステキな長所を、心理テストでバッチリ診断しちゃうよ★

7
これ以上ないってくらい落ちこんだとき、元気を取りもどせそうなのはどっち？

- カラオケで歌う　10へ
- ケーキを食べる　11へ

8
「ありがとう！」と笑顔でお礼を言われたとき、あなたなら何て返事をする？

- 「どういたしまして！」　診断A
- 「いつでも任せてよ！」　9へ

9
最近人気のモデルさん。次は映画に出演するんだって。その映画はどんな映画？

- 恋愛映画　診断B
- 昔の人気映画のリメイク作品　10へ

10
本を読んでいたら、見たことがない単語が出てきたよ。どうやって読み方を調べる？

- 辞書で探す　11へ
- ネットで調べる　12へ

11
明日から修学旅行！ 早速準備を始めたあなた。最初に用意したのはどっち？

- 洋服　診断C
- おみやげリスト　診断D

12
朝、学校に登校したら、みんながうわさ話をしているみたい。内容を聞いてみる？

- 絶対に聞く！　診断E
- 聞かない　診断F

診断結果は次のページへGO！

診断結果 ② まだあなたが自覚していない

A
あなたの Good Point は
頭の回転が速いところ

いいところと悪いところをパパッと判断できるところが、あなたのかくれ長所。まわりの人が気づかなかったところまで見ぬくから、意見を聞かれることも多いはず♪

長所をのばすおまじない

ハートのお守り

ハートがモチーフのアクセサリーを身につけて「私の目は、真実だけを見る」と唱えると、判断力がアップ！

B
あなたの Good Point は
心が広いところ

あなたの長所は、小さなことにこだわらないで、広い心ですべてを受け止められるところ。相手の考えを否定せず、最後まで話を聞く姿が、尊敬されているよ★

長所をのばすおまじない

マジックヨーグルト

スプーンで右回りにヨーグルトを3回かきまぜてから食べると、やさしさと思いやりがグッとアップするよ。

C
あなたの Good Point は
話し上手なところ

ムードメーカーで、楽しく会話を盛り上げるところが、あなたの長所。人の悪口を言ったりせず、ウキウキする話題だけでまわりを楽しませることができる人だよ！

長所をのばすおまじない

うるおいキャンディ

キャンディの包み紙に右手の人差し指でト音記号（𝄞）をかいてから、食べてみて。会話が盛り上がるよ♡

長所と、長所をのばすおまじないを大しょうかい！

Part 1　ホントのワタシ発見テスト

あなたの Good Point は

マジメなところ

あなたの長所は、正義感が強くてマジメなところ。人がイヤがることにも「みんなのため！」と、進んで手をあげるはず。ほめられると、もっとがんばれちゃうタイプ。

息ぬきリボン

両手で黄色のリボンをギュッとにぎり「ヘルメスの魔法のクツ」と心の中でつぶやいて。気分が軽やかになるよ。

あなたの Good Point は

努力家なところ

コツコツと努力を続けられるあなた。達成できる目標より難しそうな課題のほうが、やる気がアップして燃えるはず！1つのことを続けられる、ガマン強さの持ち主。

アトラスのじゅもん

深呼吸を3回してから「黄金のリンゴ」と、心の中で5回言って。やる気がアップして、気持ちが前向きに☆

あなたの Good Point は

前向きなところ

あなたは、悲しいことや落ちこむことがあっても、気分を切りかえて前向きになれる人。ハツラツとしていてエネルギッシュだから、友だちにたよられることも多いはず。

元気のレモン

紅茶にレモンを入れて「フェリーチェ」と唱えてから飲みほして！イヤな気分がすぐにふき飛んじゃうはずだよ。

あなたはいったいどんな人？
心理テストで内面チェック♪

もっともっと、あなた自身をてってい調査★
知らなかった自分に出会えちゃうかも……？

テスト3　料理が出てこない〜！

今日はステキなレストランで家族と食事。でも注文してから1時間も経ってるのに、まだ料理がこない！　あなたならどうする？

- **A** もうちょっと待つ
- **B** 店員さんを呼ぶ
- **C** 怒ってお店を出る
- **D** まわりの席を観察する

診断結果は**28ページへGO！**

テスト4 どのバッグを買おうかな？

どれでも好きなバッグを、1つだけ買ってもらえることに！ ふだん使うバッグを選ぶなら、どのバッグをおねだりする？

A リュックサック

B トートバッグ

C ハンドバッグ

D ポシェット

Part 1 ホントのワタシ発見テスト

診断結果は次のページへGO！

診断結果 3 このテストでわかるのは……

あなたの弱点

A あれこれ迷いがち

決断することがニガテで、いちいち迷っちゃうあなた。あれこれ考えるより、直感で判断するのが◎。

B 1人で突っ走りがち

人の意見をあまり聞かず、自分1人だけで判断しがち。まわりのアドバイスを聞くことも大事だよ！

C 単独行動しがち

あなたは集団行動よりも、1人でいるほうが好きなタイプ。みんなに声をかけてから行動しよう★

D 困るとだまりがち

イヤなことが起きると、どうしていいのかわからなっちゃうあなた。ときには発言する勇気をもって！

診断結果 4 このテストでわかるのは……

あなたのウラ性格

A 自己中すぎ？KY女子

思いこみが激しく、我が道を1人で突っ走ってしまうあなた。深呼吸をして、じっくり考えることも大切★

B マジメすぎ？カタブツ女子

あなたは「ルールだから！」と、常識をふりかざしがちなタイプ。考え事をする時間を減らしてみて！

C ズレすぎ？天然女子

世間の考えと、ちょっとズレているあなた。当たり前と思っていたことが、全然当たり前じゃないことも!?

D やりすぎ？大人女子

あなたは「早く大人にならないと！」と、背のびしちゃう人。やりすぎは厳禁なので気をつけて！

テスト5 部屋のカーペット

あなたは、部屋のカーペットをかえることにしたよ。どんな色のカーペットを選ぶ？

- A　白
- B　ピンク
- C　グリーン
- D　黒

診断結果は次のページへGO！

テスト6 シュミにチャレンジ！

新しいシュミを始めることに。さて、いったい何にチャレンジしようかな？

- A　メイクレッスン
- B　お菓子づくり
- C　イラスト、絵画
- D　写真

診断結果は次のページへGO！

Part 1 ホントのワタシ発見テスト

診断結果 ⑤ このテストでわかるのは……

あなたの今の心の状態

A 何でもこい！無敵モード

あなたは今、何でもできちゃう無敵状態！　チャレンジしたかったことに、思い切って飛びこむチャンス★

B しょんぼり……ロンリーモード

少しさびしい気持ちになっているみたい。無理にがんばろうとしないで、休んで気分を切りかえて！

C リラックス！ゆとりモード

心も身体ものんびり。リラックスしている状態だよ。仲良しの友だちをさそって、遊びに出かけよう♪

D エンジョイ！パーティーモード

エネルギッシュな気分で、ノリに乗っているあなた。今なら、知らない人とも仲良くなれちゃうかも!?

診断結果 ⑥ このテストでわかるのは……

一番大事な時間

A シュミの時間

シュミの時間を大切にしているあなた。好きなことに夢中になると、時間を忘れちゃうことも多いはず。

B 恋愛の時間

あなたは、恋愛の時間を大事にする人。好きな人がいないときは、図書館にステキな出会いあるかも……？

C 友だちとの時間

友だちといっしょにいるときが、一番楽しいあなた。家の中で遊ぶより、積極的に外に出かけてみて♪

D 勉強の時間

あなたは勉強をしたり、宿題をしたりする時間を優先するタイプ。予習よりも復習に力を入れると◎！

テスト7 クリスマスパーティー！

クラスのみんなでクリスマスパーティーを開くことに。あなたはどの役目に立候補する？

A まとめ役

B 何でも係

C 会計係

診断結果は次のページへGO！

テスト8 ポーチの中には……

コスメポーチをもらったあなた。最初に入れるコスメは、いったい何？

A リップクリーム

B チークやアイシャドウ

C 香水またはメイクブラシ

診断結果は次のページへGO！

Part 1 ホントのワタシ発見テスト

診断結果 7 このテストでわかるのは……
あなたの心の強さ

70%
あなたは人からイヤなことを言われても、あまり気にしないタイプだよ。「そうかな？」って笑って流せる、心の強さの持ち主！

100%
何があってもゆるがない、ハガネのハートをもっている人。でもたまに「あなたってドンカンだね」って言われちゃうことも……。

30%
タフと言うよりも、デリケートでナイーブなタイプ。あなたのハートはまわりの人よりも、ちょっぴり傷つきやすいみたい。

診断結果 8 このテストでわかるのは……
あなたのはずかしがり屋度

30%
よっぽど大きな失敗をしない限り、「そんなこともあるさ」と受け入れることができる人。いつでもどこでも素でいられるタイプ♪

65%
ほめられると急に照れくさくなって、背のびをしちゃうあなた。いいところを見せようとして、逆に失敗しちゃうことも……。

90%
いつでもどこでも「だれかに見られているかも」ときんちょうしがち。カンペキを目指しすぎると、つかれちゃうよ！　リラックス☆

テスト9 写真を撮ろう！

転校しちゃった友だちに、写真を送ることにしたあなた。さて、どんな風に撮る？

A 全身を撮る

B 上半身だけ

C 後ろ姿か横顔

診断結果は次のページへGO！

テスト10 不思議なお菓子の家

これは全部お菓子でできた家だよ。ドアの部分は何でできていると思う？

A クッキー

B チョコレート

C その他

診断結果は次のページへGO！

診断結果 ⑨ このテストでわかるのは……
あなたのこだわり

A 友だちにこだわる

「どんな友だちとつき合うか」に自分なりのルールをもっているあなた。だれとでも仲良くなれるけど、親友はしんちょうに選ぶ人。

B 外見にこだわる

あなたは、自分や人の見た目が気になる人。カンペキに仕上がらないと「出かけるの、やめよっかな」なんて家に閉じこもることも！

C シュミにこだわる

好きなことができたら夢中になるタイプ。ありとあらゆる角度で1つのことに取り組むから、ちょっぴりオタクっぽいところも。

診断結果 ⑩ このテストでわかるのは……
あなたの判断力

A 50%

最終的に決断するまでは時間がかかるけど、その分、じっくりと考えることができるタイプ。失敗することは少ないはず！

B 80%

頭で考えるより先に、本能で判断するあなた。勢いだけで決めちゃって「失敗したかも〜」って、困ることもあるんじゃない？

C 30%

自分で判断するより、まわりの人の意見を聞くタイプ。「どっちのほうが得か」と、ちょっぴりズルく考えるところもあるみたい。

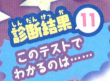

あなたの野望レベル

あなたは「これ！」という目標ができたら、まっしぐらに突き進むタイプ。目標を達成したあとも、すぐに「次はあれにチャレンジ！」と夢を追いかけ続ける人だよ。

ふだんはあまり、ガツガツしていないあなた。でも、気になるものができたら「別人!?」ってみんなにびっくりされるくらい、情熱的になっちゃう。根はとってもアツいタイプ。

できればあまり無理はしたくない、というのがあなたの本音。必死になるよりも、のんびり過ごしたいタイプだね。よほどのことがない限り、本気のスイッチは入りにくそう。

目標を達成するおまじない
小人のお手伝い

かなえたい夢や目標を白い紙にかいて、縦半分に折って。そしてそれを両手にはさんで「コボルトさん、コボルトさん、私の夢をサポートしてね」と唱えてみて。小人さんがあなたを応援してくれるはずだよ♪

バツゲームのマスクは？

A ウマのマスク

B おじさんの ハゲ頭

C ピンクの うさみみ

診断結果は次のページへGO！

診断結果⑫ このテストでわかるのは…… あなたのアマノジャク度

A 60%
頭がすっぽり入るウマのマスクを選んだ、あなたのアマノジャク度はふつう。ときと場合によって、意地をはったり、素直になったりと切りかえることができるタイプだよ★

B 90%
ウケねらいのカツラを選んだあなたは、かなりのアマノジャク。相手が親友だったり好きな人だったり、大切であればあるほど、意地をはって素直な気持ちが言えなくなっちゃう。

C 30%
一番カワイイうさみみを選んだあなたは、とても素直な性格。好きな人に「好き」、カワイイものに「カワイイ」と自分の気持ちをストレートに伝えられる人だよ♪

素直になれるおまじない
天使の白ボタン

白いボタンを1個用意して、ボタンの穴にピンクの糸を通してね。糸の長さは好きな長さでOK。それをリボン結びにしたら、おさいふに入れてお守りにしよう。素直な気持ちになって、意地をはることがなくなるよ♡

あなたの家庭的度

A 90%
あなたは家庭的で、とってもマメな人。料理やお菓子づくりのセンスがバツグンで、大人になったら「およめさんになってください！」ってモテモテ大変かも!?

B 30%
家の中で過ごすよりも、外に出てパワフルに行動したいタイプ。大人になったら「男の人になんて負けないわ！」って、バリバリ働くキャリアウーマンになっているかも!?

C 60%
あなたは、結婚したり子どもが生まれたりしたら、一気に家庭的になりそうなタイプ。きっかけが訪れるまでは、大人になってもあまり家庭的なことに興味がもてないかも。

気配り上手になるおまじない
ほっこりミルク

マグカップにミルクを注いで、ハチミツを少しだけ入れて。そして右回りにぐるぐるかきまぜながら「イーディス・イーハリ」と言って、ミルクを5回に分けて飲んでね。あなたの中の家庭的なセンスが目覚めるよ。

診断結果 14 このテストでわかるのは……
あなたの女子力

A 20%

残念ながら、女子力はかなり低め。細かいことにこだわらないのはいいことだけど、少しガサツ過ぎるかも……？

⬇

女子力アップのおまじない
トライアングルハート

三角形をかいて、その中にハートを3つ縦に並べてかいてね。この紙にため息をフーッと吹きかけて、破って捨てればOK！

B 70%

女子力はなかなか◎。ほどほどにアクティブで、ほどほどにおとなしい、いいバランスを保っている状態だね！

⬇

女子力アップのおまじない
魔法のすず

金色のすずを1個用意して、お気に入りのバッグに入れて。すずが鳴る音を聞くたび、あなたの中の女子力がアップするよ♪

Part 1 ホントのワタシ発見テスト

C 90%

あなたは、まわりのみんなも「あの子って女子力が高いよね！」とうわさしちゃうほど、すごい女子力の持ち主！

⬇

女子力キープのおまじない
女神の朝つゆ

朝、顔をあらってタオルでふいたあと、左手の薬指に少しだけ水をつけて、おでこに金星（♀）のマークをかいてね。

D 50%

ジワジワと女子力が上がってきている状態。このまま女子力みがきを続ければ、みんなの人気をひとりじめかも!?

⬇

女子力アップのおまじない
スイーツにお願い！

お菓子を食べるとき、フォークやスプーンの持ち手に赤い糸を結んで。スイーツのあまいパワーが、女子力をみがいてくれるはず。

43

勉強のウィークポイント

あなたのニガテをCHECK!

勉強の何がニガテなのかを、バッチリ当てちゃうよ★

Q お買い物をしていたら、セールにそうぐう！
全部1000円だったら、あなたは何を買う？

A 洋服

B バッグ

C ぼうし

D アクセサリー

う〜ん、買うなら **B**！ バッグかな！

診断結果 A
もっと遊びたい！
あなたは、勉強をするよりも友だちと遊びたくってサボっちゃうタイプ。

診断結果 B
注意されると……
大人の人に「やりなさい！」って言われると、やる気をなくしちゃう。

診断結果 C
シュミが大事
あなたはシュミの時間を優先して、勉強をどんどん後回しにするタイプ。

診断結果 D
とにかくイヤ！
やりたくない気持ちが強すぎて、教科書を見るだけでもイヤになっちゃう。

Part 2

キラリと光る、未知のパワー★
あなたの才能・能力診断

あなたのニガテなことは何？
まだ目覚めていない才能ややる気がアップする方法、
おすすめの勉強法＆ニガテをこくふくする
アドバイスを心理テストで診断してみよう。
明日から、勉強＆宿題が
とっても楽しく
なっちゃうかも〜!?

テスト 1

満点も夢じゃないっ！
おすすめ 勉強法診断★

それぞれの質問にYESかNOで答えてね！　YES ⟶　NO ⟶

START

ナイショって
言われると
言いたくなる

外に出かけるなら
オシャレはマスト！

ナイショだよ

ゆるキャラは
カワイイと思う

ステッカーや
シールが好き

お絵かきより
オニごっこが好き

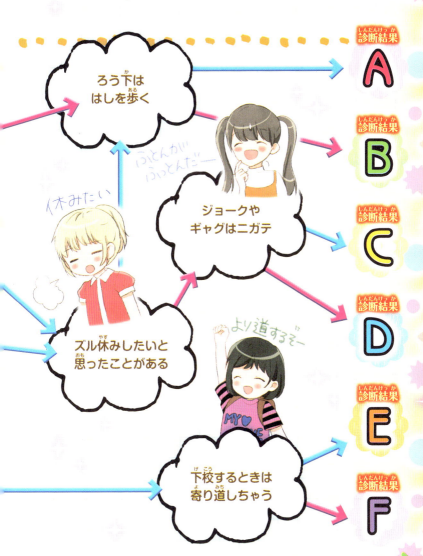

診断結果 1 自分にぴったりの勉強法で満点めざそっ！

A ほめてもらおう！

あなたは、ほめられるとのびるタイプ。勉強の成果をまわりの人に報告して「すごい！」とほめられると、やる気がアップするよ。

効率アップ！のラッキーアイテム　ノート

勉強に使うノートは、いつもキレイにしておいてね！

B グループで勉強しよう！

1人で勉強するより、友だちといっしょに勉強したほうがはかどりそう。わからないところを相談しながら、進めるのがコツ★

効率アップ！のラッキーアイテム　蛍光ペン

大事なポイントは、蛍光ペンでしっかりマークしよう♪

C 目標を決めよう！

あなたは「今度のテストでは、ゼッタイに100点を取るぞ！」と勉強する前にしっかり目標を決めると、やる気がアップする人。

次は100点!!

効率アップ！のラッキーアイテム　エンピツ

すぐにメモできるよう、けずっておくのを忘れずにね。

Part 2 あなたの才能・能力診断

新しい勉強法を試そう！

パソコンを使ったりCDを使ったり、いつもとちがう新しい勉強法を取り入れるのが、成績アップの近道になりそう♪

効率アップ！のラッキーアイテム **ふせん**

教科書やノートの、大事なところにはっておこう。

E 友だちと競争しよう！

仲良しの友だちと「どっちがいい点数を取るか、競争ね！」と約束してみて。友だちの存在がはげみになって、がんばれるはず★

効率アップ！のラッキーアイテム **クリップ**

カラフルな色のクリップをそろえて、プリントをまとめて！

F 授業をしっかり聞こう！

予習復習をがんばるのもいいけれど、授業中に先生の話をしっかり聞いてみて！ それだけで成績がぐ～んとアップするよ。

効率アップ！のラッキーアイテム **下じき**

カワイイ下じきで、キレイな字をかいてメモを取ろう！

テスト2 めんどうくさい、遊びたい……
やる気アップ法診断！

質問を読んで当てはまる答えに進んでね！

START

1
「満開にさいた、たくさんのバラの花」という言葉を聞いて、思いうかべるのはどっち？
- お花屋さん → 2へ
- 庭や公園 → 3へ

2
駅に男の人が立っていて、どこかへ向かおうとしているよ。それはどこだと思う？
- 家に帰る → 4へ
- 電車に乗る → 5へ

3
休みの日に、家族でステキな旅館にとまりにきたよ！　さて、まずは何をしようかな？
- 部屋でくつろぐ → 6へ
- 探検に出かける → 7へ

4
友だちとこわい映画を観ることになったよ。あなたなら、どっちの映画を選ぶ？
- ゾンビが出てくる映画 → 8へ
- エイリアンが地球をおそう映画 → 9へ

5

親友が落ちこんでいるみたい。彼女が落ちこんでいる原因は、いったい何だと思う？
- 失恋した → 10へ
- お母さんに怒られた → 12へ

6
マラソンを走り終えたときのスポーツ選手って、いったいどんな気分だと思う？
- やっと終わった〜！ → 10へ
- まだまだ走れるぞ！ → 11へ

どうしても、勉強をやりたくないときってあるよね。そんなときのおすすめ解決法を大しょうかい！

7
すっごく集中しているときに、ジャマが入ったよ。それはいったい何だった？

話しかけられた　10へ

肩をたたかれた　11へ

8
小さな男の子がお母さんにしかられているみたい。そのときの、お母さんのセリフは？

「ダメって言ったでしょ！」

「お兄ちゃんだからガマンして！」　9へ

9
ポストにチラシが入っていたよ。そのチラシには、いったい何がかいてあったかな？

「閉店セール！」

「開店セール！」　10へ

10
街を歩いていたら、女の人の悲鳴が聞こえてきた！　いったい何が起きたんだと思う？

交通事故が起きた　11へ

引ったくりにあった　12へ

11
100階建てのビルにやってきたよ。エレベーターが動かないみたいだけど、どうしよう……？

階段でのぼる

動くまで待つ！

12
いきなりカメラを向けられちゃった！　写真を撮りたいみたいだけど、どうしよう？

笑顔でピースする

「撮らないで〜」と断る

診断結果は次のページへGO!

診断結果 2

これでバッチリ、やる気がアップするはずだよ！

A 楽しさを見つけよう！

創意工夫が得意なあなた。「宿題が5分でできたら、おやつを食べる」みたいに、勉強自体に楽しみをつくることが大事♪

B 設定を空想しよう！

空想することが得意なあなた。「私が宿題をしないと地球がほろんじゃうかも！」と想像してみて。やる気がわいてくるはず!?

C 結果をイメージしよう！

100点を取って、みんなにほめられているところをイメージしてみよう。「もっと勉強をやらないとな」って気持ちになれるよ！

D 興味のあるところから！

1番から順番に問題を解くのではなく、おもしろそうなところから始めるのが、あなたのやる気をアップさせるヒケツだよ☆

テスト3 シミュレーション心理テスト
あなたに取りつくサボり悪魔診断!

Part 2 あなたの才能・能力診断

サボりたくなるのは、じつは悪魔のしわざ!?
あなたに取りつく悪魔の種類と、げき退法を要チェック!

STAGE 1

目が覚めたら、だれもいない水族館にいたあなた。困っていたらシロクマに話しかけられたよ。シロクマは、何て言ったと思う?

「こんなところで、どうしたの?」 2へ

「早くここから立ち去りなさい!」 3へ

57

STAGE 2

シロクマに相談したら、ラッコをしょうかいしてくれたよ。ラッコは「ウミウシが帰り道を知っている」って言うけど、信じる？

- 信じる ➡ 6 へ
- 信じない ➡ 4 へ

STAGE 3

あわててその場からにげだしたあなた。小さな水そうの前にやってきたよ。ここには何がいると思う？

- 熱帯魚 ➡ 5 へ
- ウミウシ ➡ 6 へ

STAGE 4

1人で帰り道を探すことにしたあなた。ふと近くの水そうをみると、赤い魚がじっと見つめてきた！ いったいどうして？

- キケンを知らせている ➡ 7 へ
- 案内しようとしている ➡ 8 へ

STAGE 5

水そうには、カラフルな熱帯魚がいっぱいいたよ。家までの帰り道は、どの熱帯魚に聞く？

 赤い熱帯魚 → 7へ

しましまの熱帯魚 → 8へ

STAGE 6

ウミウシはのんびりお食事中みたい。「帰り道を教えて」と聞いても、「タダでは教えられない」だって！ ウミウシの要求は？

水そうをそうじして → 8へ

楽しい曲を歌って → 9へ

Part 2 あなたの才能・能力診断

STAGE 7

てんじょうを見上げると、大きなエイが泳いできた！ にげないとヤバいかも！ さあ、どこへにげる？

- ペンギンの広場 → **10**へ
- イルカの広場 → **11**へ

STAGE 8

帰り道を教えてもらったけど、ドアにはカギがかかっているみたい。そばにいたタツノオトシゴが、カギの場所のヒントをくれたよ。カギはどこにあると思う？

- アザラシのお腹の中 → **12**へ
- スナメリのお腹の中 → **13**へ

STAGE 9

歌を1曲歌い終わったら、ウミウシは「クラゲに会え」と言ったよ。丸い不思議な水そうには、たくさんのクラゲがいるみたい。どのクラゲに話しかける？

- 真ん中を泳いでいるクラゲ → **16**へ
- すみっこで休んでいるクラゲ → **15**へ

STAGE 10

ペンギンの広場には、ペンギンがいたよ。話しかけても、ずっと同じ方向を向いたままで、答えてくれないみたい。ペンギンの視線の先には何があると思う？

スヤスヤねている アザラシ　→ 12へ

ため息をついている スナメリ　→ 13へ

STAGE 11

イルカは見事なジャンプで、かんげいしてくれたよ！ でも、帰り道は知らないみたい。次はいったいだれに聞こう？

ジンベイザメ　→ 14へ

クラゲ　→ 15へ

STAGE 12

アザラシが大きなあくびをしたとき、ノドの奥にキラリと光るカギを発見！ あのカギがあれば、家に帰ることができるかも！ さて、どうやってカギをゲットしよう？

 お腹をくすぐる → 診断結果 **A** へ

 ワッとおどろかす → 診断結果 **B** へ

STAGE 13

スナメリに会いにいくと「あなたが家に帰ることができるカギを、うっかり飲みこんでしまったの」と告白されたよ。スナメリはとっても苦しそう。いったい、どうしたらいいと思う？

 薬を探す → 診断結果 **C** へ

 スナメリのお腹をたたく → 診断結果 **D** へ

STAGE 14

大きな水そうを、ゆうがに泳ぐジンベイザメ。「私は何でも知っている。キミの知りたいことは何？」質問に何て答える？

「家に帰りたいの」 診断結果 **C** へ

「どうして、人間の言葉がわかるの？」 診断結果 **D** へ

Part 2 あなたの才能・能力診断

STAGE 15

「帰り道を教えてください」と話しかけたとたん、クラゲがキラッと光ったよ。そしてクラゲは「お前は本当に、家に帰りたいのか？」と聞いてきたよ。どう答える？

「早く帰りたい」 診断結果 **A** へ

「もう少し遊んでから帰ろうかな」 診断結果 **D** へ

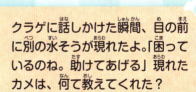

STAGE 16

クラゲに話しかけた瞬間、目の前に別の水そうが現れたよ。「困っているのね。助けてあげる」現れたカメは、何て教えてくれた？

「アザラシに会いなさい」 → **12** へ

「スナメリなら知っているかも」 → **13** へ

診断結果 3

あなたに取りつく、サボり悪魔はいったい何!?

A ゆだん悪魔

あなたに取りついているのは、すぐに「サボっちゃえ♪」とささやく、ゆだん悪魔。「昨日いっぱい勉強したから、今日はお休みしよう」って、すぐに安心して勉強をサボってない？　成績アップには、コツコツと予習復習を続けることが、とても大事！

これだけやれば、だいじょうぶ〜♪

悪魔がゆうわくするとき

テストでいい点数を取ったとき	→ 安心して勉強しなくなっちゃう！
先生にほめられたとき	→ 「私は天才だからだいじょうぶ！」とゆだんしちゃう！

ゆだん悪魔 げき退のおまじない

エンピツのマーキュリー

お気に入りのマスキングテープか、セロハンテープにマーキュリーのマーク（♀）をかいて。それをエンピツにはって勉強すれば、ゆだん悪魔を寄せつけないはず！

Part 2 あなたの才能・能力診断

みんなも勉強
してないしなぁ……

言いわけ悪魔

あなたには、いろいろなことを理由に勉強をサボろうとする、言いわけ悪魔が取りついているよ。「テストまでまだ時間があるし」「だれも勉強してないし」なんて、ダラダラとすることはない？ 気持ちを入れかえて、「勉強するぞ！」って決意することが重要。

悪魔がゆうわくするとき

「いっしょに遊ぼう♪」とさそわれたとき	遊びを優先してサボっちゃう！
時間があるとき	「まだまだ、よゆう！」と言いわけして遊んじゃう！

言いわけ悪魔 げき退のおまじない

青い星のお札

白い紙に青いペンで★を１つかいてね。その紙を小さく折りたたんで、ペンケースに入れよう。ペンケースを開けるたびに紙をにぎりしめれば、悪魔を追いはらえるよ♪

あきらめ悪魔

どうせ勉強したって、ムダムダ！

「どうせダメだし」「だって意味ないし」と、やる前からあきらめちゃう、あきらめ悪魔があなたには取りついているみたい。早めにげき退しないと、勉強以外のやる気もなくしちゃうから要注意！計画的に勉強を進めることが、悪魔を追いはらうコツだよ。

悪魔がゆうわくするとき

| テストの点数が悪かったとき | → | 自信をなくして勉強をあきらめちゃう！ |
| テストまで時間がないとき | → | 「どうせ間に合わないし」とサボっちゃう！ |

あきらめ悪魔 げき退のおまじない

やる気アップの◎

左手の中指に黄色のペンで◎をかいてね。そして、勉強する前に深呼吸をしてから、ぎゅっと手をにぎりしめて。やる気がアップして、悪魔をげき退できるおまじないだよ。

うつり気悪魔

Part 2 あなたの才能・能力診断

好奇心おう盛なあなたには、うつり気悪魔が取りついているよ。勉強しようと机に向かったのに、いつの間にか絵をかいていたり、マンガを読んでいたりすることはない？ あれこれ気になりすぎて勉強に集中できないのは、全部うつり気悪魔のせい！

悪魔がゆうわくするとき

マンガの発売日やドラマの放映日	→	気になって勉強どころじゃなくなっちゃう！
恋をしているとき	→	好きな人のことばかり考えて、勉強をサボっちゃう！

げき退のおまじない ― ヒミツの花丸パワー

今使っている時間割表のウラに、大きな花丸をかいてみて。そして両手の間にはさんで「集中できますように」と念じて。集中力とやる気がアップして悪魔を追いはらえるよ。

テスト4 まだだれも知らない！？ あなたの㊙才能診断♪

それぞれの質問にYESかNOで答えてね！　YES ➡　NO ➡

START

折り紙が得意！何でも折れる

1時間目はいつもやる気が出ない……

キャンプにいくならバーベキューは絶対！

先生の話を聞くのは楽しい♪

走るよりも泳ぐほうが好き

68

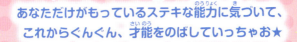

あなただけがもっているステキな能力に気づいて、
これからぐんぐん、才能をのばしていっちゃお★

Part2 あなたの才能・能力診断

有名人を発見！
声をかける？

クジ運は
いいほうだと思う

いつの間にか
ケガをすることが
多い

シュミが
3つ以上ある

診断結果 A
診断結果 B
診断結果 C
診断結果 D

診断結果は次のページへGO！

診断結果 4

あなたの㊙才能を、診断結果でチェックしてね

A コミュニケーション上手！

あなたの才能は、だれとでも仲良くなれちゃうところ。話し上手で聞き上手だから、みんなあなたと話したくてしかたないはず★

B 最新の情報をキャッチ★

情報をキャッチするアンテナがピカイチなあなた！ あなたはだれよりも早く、流行を先取りするセンスに恵まれた人だよ。

C グローバルに行動できる★

視野が広く、スケールも大きいタイプ。世界中でカツヤクできる可能性を秘めているよ。まずは外国語を勉強してみよう★

D 新発見＆発明の天才！

人とはちがう、ユニークな角度から物事が見られるあなた。天才的なひらめきで、あっとおどろく発明品をつくっちゃうかも!?

天才？ふつう？それとも……！
組み合わせ心理テスト

心理テストの答えを組み合わせて、あなたの能力を診断するよ★

テスト5　怪獣がきた!?

Q1 散歩していたら、突然「怪獣だー！」とさけぶ声が聞こえたよ。あなたならどうする？

あ 大変だ！走ってにげる！

い 怪獣なんているわけがない

う 映画の撮影かな？見にいく

Q2 あなたがもし、本物の怪獣と出会ってしまったら、どんな行動をすると思う？

ア 大声で悲鳴をあげる

イ びっくりして泣いちゃう

ウ 腰をぬかすかも……

診断結果は次のページへGO！

Part2　あなたの才能・能力診断

診断結果 5

このテストでわかるのは……
新たな才能が目覚めるきっかけ

診断表の見方

表からQ1とQ2の答えを組み合わせて、診断結果をチェックしてね。

	ア	イ	ウ
あ	A	A	A
い	C	B	C
う	B	B	C

Ⓐ ステキな本を読んで

あなたの新たな才能のドアを開くのは、1冊の本。その本を読んだ瞬間、パーッと窓が開くように、才能が目覚めるよ。

Ⓑ ステキな先生に出会って

ステキな先生との出会いが、あなたの新たな才能を目覚めさせてくれそう！ためになることをたくさん、教えてもらえるはず。

Ⓒ ステキな恋をして

人生をかえるようなステキな恋が、あなたの才能を目覚めさせるカギ。燃えるような情熱的な恋愛で、能力が開花する予感♡

テスト6 妖精のお礼は……

Q1 魔法の宝石を拾ったら、中から妖精が現れた！ 妖精はどんな姿だった？

あ 小さな女の子　　い おじいさん　　う 超絶イケメン！

Q2 妖精は拾ってくれたお礼に、おみやげをくれたよ。それはいったい何だった？

ア 未来がわかる水晶　　イ お金が増えるおさいふ　　ウ 変身できるステッキ

診断結果は次のページへGO！

診断結果 6 — このテストでわかるのは……
どうしてもニガテなこと

診断表の見方

表からＱ１とＱ２の答えを組み合わせて、診断結果をチェックしてね。

	ア	イ	ウ
あ	A	A	A
い	C	B	C
う	B	B	C

A 暗記がニガテ

単純な作業がニガテなあなた。ただ数字や年号を覚えるのではなく、ゴロ合わせやダジャレで、おもしろおかしくアレンジしてみて！

B 時間配分がニガテ

じっくり答えを考えすぎて、テストの後半に時間が足りなくなるタイプ。最初に問題全体を、チェックするクセをつけよう★

C 見直しがニガテ

あなたはテストのあとに、答えを見直すのがニガテな人。迷った問題にだけ印をつけて、ピンポイントに見直すのがおすすめ♪

テスト7 魔法の図書館

Part 2 あなたの才能・能力診断

Q1
夢の中で不思議な図書館に迷いこんじゃった！受付のお姉さんに何て話しかける？

 あ「迷子なんですけど」
 い「こんにちは」
 う「これって夢ですよね？」

Q2
お姉さんは何も答えず、1冊の本をカウンターに置いたよ。タイトルは何？

  ア『夢図書館MAP』
 イ『夢占いじてん』
ウ『あなたは出られない』

 診断結果は次のページへGO！

診断結果 7 このテストでわかるのは……
理系？ 文系？ 芸術系？

……なんちゃって★
私に解けない問題はない！

A 理系ガール

算数や理科が得意な、理系ガールタイプ。計算＆分析の才能が◎で、難しい問題もパパっと解決しちゃうスマートさを備えているよ♪

算数 5
国語 2
根気 3
芸術 2
器用さ 3

B 文系ガール

国語や歴史が得意な、文系ガールタイプのあなた。文章や詩をかく才能に恵まれているから、ステキな作品をどんどん生みだしそう★

算数 2
国語 5
根気 2
芸術 3
器用さ 3

次の物語の主人公はどんな女の子にしよっかな♪

診断表の見方

表からQ1とQ2の答えを組み合わせて、診断結果をチェックしてね。

	ア	イ	ウ
あ	A	A	B
い	B	C	C
う	B	D	D

Part 2 あなたの才能・能力診断

D 万能ガール

あなたは、その気になれば何だってできちゃう万能ガール。でも器用な分、あきっぽいところがあるから、続けることが大事。

算数 3
国語 3
根気 1
芸術 3
器用さ 5

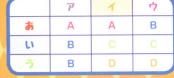

白いキャンバスに自分の世界をえがくの！

C 芸術系ガール

あなたは工作やイラストが得意な、芸術系ガール。バツグンのセンスと手先の器用さを武器に、才能をバクハツさせちゃえるかも！

算数 2
国語 2
根気 3
芸術 5
器用さ 3

文系も理系も芸術系だっておまかせよ

77

超簡単！おすすめイメチェン法診断♪

あなたにぴったりの
イメチェン法を調べ
よう★

Q アイスクリーム屋さんで、1つだけアイスクリームを買うとしたら、何味を買う？

- **A** バニラ
- **B** チョコレート
- **C** オレンジ
- **D** まっ茶
- **E** ストロベリー

うーんと…
B かな？

診断結果 A ネイルケア

ピカピカのツメが、ハッピーを運んできてくれるはず♪

診断結果 B ヘアアレンジ

いつもとちがうヘアスタイルが、みんなの注目を集めそう!

診断結果 C カラーチェンジ

ふだんはチャレンジしない色のファッションがおすすめ★

診断結果 D ラブリー小物

かわいいステーショナリーやグッズを身につけてみよう♡

診断結果 E リップチェンジ

いつもメイクをしない子も、色つきリップをぬってみよう♪

なるほど！
それならすぐできるね！
まかせてよ〜！

ここおいでーっ
⇩
ええっ!?

Part 3

目指せっ、見た目 100 点満点！

オシャレ心理テスト

外見やファッションのおなやみを、心理テストでスッキリ解決しよう！ あなたの第一印象や、おすすめコーデのアドバイス、ミリョクをみがくチャームアップ法をズバッと診断★
とびきりオシャレになって、みんなの注目を集めちゃえ♡

テスト1 女の子からの第一印象CHECK♪

あなたのファッション・見た目の第一印象を、女の子サイドの視点から心理テストで診断するよ！

診断方法 質問を読んで、当てはまるものにチェックを入れてね。チェックの数で診断結果がかわるよ！

- ☐ お小づかいはすぐに使っちゃう
- ☐ 片づけやそうじはニガテ
- ☐ 一度は行ってみたい国がある
- ☐ おフロはいつも30分以上入っている
- ☐ ほしいものは絶対に手に入れる
- ☐ もう少し身長が高くなりたい
- ☐ 運動するより本を読むほうが好き
- ☐ 家族の誕生日を全部覚えている
- ☐ お願いされるとイヤと言えない
- ☐ ごはんを食べるスピードが早い
- ☐ こわい話やホラー映画はニガテ

- ☐ お菓子を食べ過ぎたことがある
- ☐ 暗い色よりも、明るい色が好き
- ☐ 「元気だね！」とよく言われる
- ☐ クラスメイトの名前は全員覚えている
- ☐ パーティーやサプライズが大好き
- ☐ ニックネームをつけるのが得意
- ☐ 学校や塾に好きな先生がいる
- ☐ 朝ごはんはしっかり食べる
- ☐ 歌詞を見ずに1曲歌える歌がある
- ☐ 知らない道を歩くのは楽しい
- ☐ おハシを持つのがニガテ
- ☐ 大きくなったら早く結婚したい
- ☐ 今の生活を気に入っている
- ☐ 迷子になったことがある

Part 3 オシャレ心理テスト

チェックの数が23以上
診断結果 A

チェックの数が15〜22
診断結果 β

チェックの数が9〜14
診断結果 C

チェックの数が8以下
診断結果 D

診断結果は次のページへGO！

診断結果 1

診断結果 A

いつでもどこでもハイテンション！
ポップ＆カラフルガール

あなたのまわりの女の子は、あなたのことを「いつも明るくて元気だな」って思っているみたい。オレンジや黄色など、明るい色が似合うから「そばにいるだけで元気をもらえちゃう！」と評判になっているよ。

ここが人気！ はなやかな色使い

パッと目を引くハデな色も、バッチリ着こなしちゃうあなた。思い切った色使いが、人気のヒミツ★

診断結果 β

女の子らしさナンバーワン！
キュート＆ラブリーガール

あなたは、まわりの女の子たちから「女子力が高い！」って思われているみたい。しぐさや話し方はもちろん、ベビーピンクやパステルブルーなどの、あわくてカワイイ色が似合うところも、視線を集めている理由。

ここが人気！ 女子力◎のコーデ

フリルやレースを取り入れても、やりすぎにならないバランスのよさが「センスいいね」と思われているよ。

診断結果 C

大人のフンイキにくぎづけ！
クール＆ミステリアスガール

まわりの女の子からの、第一印象は「ミステリアスで大人っぽい子」。他の人にはないクールなオーラと、白×黒のモノトーンをシックに着こなすところが「見習いたい！」とうわさになっているみたい★

ここが人気！ アクセ使いのテク

自然でさりげないアクセサリーのつけ方が「上級者っぽくって、マネしたい！」と人気になっているよ♪

診断結果 D

オリジナリティーが注目の的！
オシャレ＆お茶目ガール

あなたのまわりの女の子からの第一印象は「自分に似合うものを、よく知っている子」だよ。ファッションのジャンルを問わず、いろいろな服に積極的にチャレンジする姿が、みんなから注目されているみたい！

ここが人気！ マネできないセンス

たくさんの中から、自分に似合うものだけを選んできたあなた。レベルの高いセンスが「すごい！」と評判に。

テスト2 男の子からの第一印象CHECK♪

あなたのファッション・見た目の第一印象を、男の子サイドの視点から心理テストで診断するよ！

診断方法 それぞれの質問にYESかNOで答えてね！　YES ➡　NO ➡

START

- 植物を育てることが好き
- 休みの日は昼前までねている
- どちらかと言えば色白だと思う
- ルールは何があっても守るべきだ
- 声が大きいと言われたことがある

おはよう!!

Part 3 オシャレ心理テスト

- ハプニングが起きるとあわてちゃう
- 人に借りたものはすぐに返す
- 気が短くてせっかちなタイプだ
- ポケットのついた服が好き

診断結果 A

かえすね
もう!?

診断結果 B

診断結果 D

診断結果 C

診断結果は次のページへGO!

診断結果 2

診断結果 A
せいそなおじょう様

まわりの男の子はあなたのことを「いつもきちんとしている女の子」と感じているみたい。清潔感あるファッションが、好感度◎の人気ポイント！　ただ「ちょっとマジメすぎない？」と思われているときも……。

もっと印象アップ！のコツ

「ちょっとハデかな？」と心配するくらいの、思い切ったプリントもようの服をチョイス！　明るいフンイキになるから、会話もはずむはず★

男の子のハートをつかむひと言
おすすめのマンガがあったら教えて♪

好感度アップの㊙アイテム　ポップなヘアゴム

診断結果 β
話しかけやすい友だち

あなたは男の子にとって「気軽におしゃべりできる女の子」ポジション！　サッパリしていてノリがいいから、いっしょにいて楽しいけど「もうちょっと女の子らしくしたら？」って思っている子もいるみたい。

もっと印象アップ！のコツ

「こんなの似合わないし！」と決めつけないで、レースやフリルのついた服にチャレンジしてみよう♪　女の子らしさがグッとアップするよ。

好感度アップの㊙アイテム　チェックのリボン

男の子のハートをつかむひと言
やっぱり男の子ってたよりになるよね！

診断結果 C

守ってあげたくなる妹

女の子らしいフンイキのあなた。まわりの男の子は「カワイくって守ってあげたい！」って思っているみたい。でも受け身でいることが多いから「楽しくないの？」ってかんちがいされちゃうことも……。

もっと印象アップ！のコツ

「カワイくない〜！」なんてイヤがらないで、ボーイッシュなコーデを取り入れてみて。動きやすい服装が、行動力を授けてくれるよ♪

好感度アップの㊙アイテム クールなヘアピン

男の子のハートをつかむひと言 手伝ってほしいことがあるんだけど……♡

診断結果 D

大人っぽいお姉さん

あなたの男の子からの第一印象は「あまえさせてくれそうな女の子」だよ！　たよりがいがあって、何でも話せるおおらかさがミリョク。でも、世話を焼きすぎると「先生みたいだね」って言われちゃうかも!?

もっと印象アップ！のコツ

「子どもっぽくならない？」と不安がらないで、できるだけカラフルな服を選んでみよう！　親しみやすさがアップして、もう先生みたいなんて言わせないっ★

好感度アップの㊙アイテム ふわふわシュシュ

男の子のハートをつかむひと言 困ったことがあったら気軽に相談してね！

Part 3 オシャレ心理テスト

91

テスト3 Today's おすすめコーデ診断

今日のあなたにピッタリなのは？

ラッキーを運んでくれる
本日のスペシャルコーデをチェックしよう！

今日はあなたの芸能人デビューの日！　どんな芸能人になりたいか、インタビューされたよ。何で答える？

 モデルになりたい　2へ　　 アイドルになりたい　3へ

Part 3 オシャレ心理テスト

モデルとして、活動することに決めたあなた。あなたの仕事を支えてくれるマネージャーさんは、どんな人？

やさしそうな男性 4へ

厳しそうな女性 5へ

早速、CMのオーディションを受けることになったよ。しん査員が「特技を見せてください」だって！　どうしよう？

おおげさにアピールする 5へ

いつもどおりにする 6へ

4

初めての撮影会！ カメラマンの前だときんちょうするなぁ。どんなポーズを取る？

- ひかえめにポージング！ **5へ**
- だいたんにポージング！ **11へ**

5

チョイ役だけど、CM出演が決まったよ！ そのCMはどんな内容だった？

- お菓子の新商品 **7へ**
- ファッションブランド **11へ**

6

オーディションの結果は、落選だったみたい……。残念な気持ちをSNSにかきこむ？

- かく **8へ**
- かかない **11へ**

今日は朝から仕事の打ち合わせ。大勢のスタッフさんに、あなたはどんな態度で接する？

- ハキハキあいさつする → 9へ
- ずっと笑顔でいる → 12へ

しばらくするとSNSにたくさんの応援コメントが！ ファンがはげましてくれて、元気を取り戻したあなた。今日は何のレッスンを受ける？

- 演技 → 10へ
- ダンス → 11へ

お休みの日にショッピングに出かけたら、サインをお願いされちゃった！ いっしょに写真も撮りたいって言われたけど、どうする？

OKする 14へ
断る 12へ

マネージャーから「ドラマの主役に決まりました」とうれしい電話が！　この喜びを、最初にだれに伝える？

| 親友に知らせる　14へ | 親に連絡する　12へ |

次回のオーディションは恋愛ドラマだって。主役とわき役、あなたならどっちにチャレンジする？

| 主役　10へ |
| わき役　13へ |

本屋さんで、自分の写真が表紙になっている雑誌を見つけたあなた。うれしい！ どうしようかな？

1冊だけ記念に買う 14へ

全部買っちゃう！ 15へ

Part 3 オシャレ心理テスト

事務所の大先輩・超人気の女優さんとスタジオでばったり会ったよ。「困ったことはない？ いつでも何でも相談してね」だって！ さて、何を相談しよう？

早く有名になりたいんです！　15へ

成功するヒケツを教えてください！　17へ

ファンレターが大量に届いた！ 人気が出てきた証明だね。うれしいなぁ。返事は出す？ 出さない？

出す　15へ

出さない　17へ

99

15

人生初のスキャンダル！　今話題の俳優さんとツーショットの写真を撮られちゃった……！　記者会見を開く？

- 記者会見を開く　**18へ**
- 記者会見を開かない　**16へ**

16

さわぎがおさまるまで、しばらく仕事はお休み。でも活動しないと、どんどん人気は下がっちゃう。どうする？

- 他の事務所に移る　**診断結果 B**
- 仕事が来るまで待つ　**診断結果 D**

17

ネットで悪口を言われているのを発見！　内容は全部、ひどいウソばっかり！　どうする？

- 腹が立つ！　言い返す！　**15へ**
- くやしいけどガマンする　**19へ**

18

記者会見当日、相手の俳優さんが楽屋にやってきて「あの写真はデマだけど、前からずっと君が好きだった！」だって！　あなたなら、何て答える？

うれしい！　つき合いましょう！
診断結果 A

ごめんなさい。仕事が大事なの
診断結果 B

19

仕事は順調で、人気も上々！　でも最近、あまり学校に登校できてないな……。久しぶりに友だちにもクラスメイトにも会いたい！どうしよう？

仕事をしばらく休む
診断結果 C

今までどおり仕事する
診断結果 D

診断結果3

診断結果 A

今日のあなたは

ドキッ！セクシー小悪魔風

あなたにおすすめの本日のコーデは、セクシーな小悪魔風！ いつもよりだいたんに、ミニスカートやショートパンツを楽しむのが◎。きちんと感を出すために、カーディガンやジャケットを合わせると、どんなシーンでも対応できるはず★

春夏秋冬別 おすすめコーデアイテム

春 視線をひとりじめ！カラフルミニワンピ

夏 ヘルシーに肌見せ！フリルのミニスカート

秋 足をスラリと見せる！ニーハイソックス

冬 女の子らしさアップ！もこもこファー

> 今日のあなたは

キュンッ！レトロなパリジェンヌ風

レトロなフンイキがただよう、パリジェンヌっぽいコーデが本日のおすすめ♪ タイトなシャツ×スカートやゆったりシャツ×タイトスカートなど、どこか身体にピタッとフィットしたラインをつくるのがコツ。映画スターになった気分で楽しんで！

春夏秋冬別 おすすめコーデアイテム

春 年上受けバツグン！えりつきワンピ

夏 マリン風スタイル！ボーダーカットソー

秋 クラシックに決めて！バレエシューズ

冬 ルーズに着よう！ビッグセーター

Part3 オシャレ心理テスト

診断結果 **C**

今日のあなたは

キラッ！キュートなセレブ風

ゴージャスでリッチなセレブ風コーデが、本日のおすすめだよ。セレブ風コーデのときに大切なのは、背筋を伸ばして堂々とすること！　大きめのアクセや大人っぽいハイヒールも、バッチリ着こなせるはず。みんなの視線を集めちゃお♡

春夏秋冬別 おすすめコーデアイテム

春　バレリーナみたい！チュールスカート

夏　リゾート感いっぱい！マキシワンピ

秋　一気にゴージャスに！ツイードスカート

冬　フンイキが明るく！はなやかストール

キメッ！さわやかアイドル風

あなたにおすすめする本日のコーデは、フレッシュなアイドル風コーデ★ ハデなもようの服はお休みにして、ピンクや赤、オレンジなどポップな色の服を選ぼう。コーデに迷ったら「どっちがカワイイか」で決めると、まちがいなしっ♪

春夏秋冬別 おすすめコーデアイテム

春 カワイイ色を選んで！シフォンブラウス

夏 季節感まんさい！カゴバッグ

秋 スクールガールっぽく！チェックスカート

冬 ふわふわでラブリー！モヘアニット

105

テスト4 スペシャルチャームアップ法診断♥

効果バツグン！

あなたにぴったりのチャームアップ法を
心理テストでバッチリ診断しよっ！

START
友だちとおしゃべりするとき、あなたの態度はどんな感じ？ 身ぶり手ぶりは激しい？

- 激しい　　　　　　　1へ
- 激しくない　　　　　2へ

1
あなたの顔にホクロはある？ とくに、口のまわりにあるかどうかチェックして！

- 口のまわりにある　　　4へ
- 口のまわりにはない　　5へ

2
あまいものが好き！ ごはんのあとのデザートは、いくらでも食べられちゃう♪

- とっても大好き！　　　1へ
- あまり好きじゃない……　3へ

3
スポーツをして身体を動かすことが好き。アセをかくのはスッキリして気持ちいい！

- そのとおり！　　　　　4へ
- 部屋で遊ぶほうが好き　5へ

4
「あなたって〇〇ね」と言われたよ。「〇〇」に入る言葉は、どっちだと思う？

- 落ち着いている　　　　6へ
- よくしゃべる　　　　　7へ

Part 3 オシャレ心理テスト

5 ニッコリ笑うと、ほほにエクボができる友だち。エクボってカワイイと思う？

カワイイ！	**8へ**
そうでもない	**9へ**

6 大人っぽいフンイキと、おだやかでやさしいフンイキ。選べるなら、どっちがいい？

大人っぽいフンイキ	**10へ**
おだやかでやさしいフンイキ	**11へ**

7 スーパーモデルに絶対必要な条件は、次の2つのうちどっちだと思う？

身長の高さ＆姿勢のよさ	**11へ**
整った顔立ち＆センスのよさ	**9へ**

8 究極の選択！　1日過ごすとしたら、どっちの部屋のほうがマシかな？

屋根はないけどキレイな部屋	**10へ**
屋根はあるけどよごれた部屋	**9へ**

9 早口でおしゃべりする友だち。何を言っているか聞き取れなかったときは？

「もう一回言って！」	**11へ**
適当に返事をしとく	**10へ**

10 ボランティア活動をすることになったよ。どっちのボランティアに参加する？

迷子の動物の世話	**診断結果D**
公共図書館のそうじ	**診断結果B**

11 まわりの友だちに比べて、自分の声は高いと思う？　それとも、低いと思う？

高い	**診断結果C**
低い	**診断結果A**

診断結果は次のページへGO!

診断結果4

診断結果 A

きらめきをみがこう！

太陽のような、キラキラかがやくオーラがあなたのミリョク。まぶしいくらいのきらめきの持ち主だね。チャームアップ法にチャレンジして、さらにかがやきをゲットして！

POINT 1　ツヤツヤ髪

シャンプーのときは、ツメを立てずに指の腹で頭皮をマッサージ！

POINT 2　キレイな姿勢

背中をまっすぐにのばして、キレイな姿勢で歩くようにすると◎。

POINT 3　カモシカ脚

おフロ上がりは脚全体をマッサージ。とくに太ももは念入りに♪

診断結果 β

大人っぽさをみがこう！

あなたのミリョクは、大人っぽい落ち着いたフンイキ。あこがれている人も、多いはず。チャームアップ法で、知的なムードをもっとみんなにアピールしよう♪

POINT 1　首元のケア

顔を洗うときは、耳のまわりや首筋まで意識して洗うと◎。

POINT 2　ツヤピカ肌

キレイな肌は健康的な食事から。野菜やフルーツをよく食べよう。

POINT 3　白く光る歯

食後にしっかり歯みがきして、キレイな白い歯をキープして！

診断結果 C

はなやかさをみがこう！

満開の花のような、はなやかさがあなたのミリョク。どこにいても、みんなに注目されちゃうタイプだよ。チャームアップ法でサボりがちな部分も、しっかりケアしちゃおう♪

POINT 1　ほっそり二の腕

二の腕を下から上にマッサージして、ほっそりを目指そう！

POINT 2　ウエスト引きしめ

手を腰に当て、ウエストを左右にひねればキュッと引きしまるよ。

POINT 3　むくみケア

むくみやすいふくらはぎは、毎日おフロ上がりにマッサージして★

診断結果 D

キュートさをみがこう！

あなたのミリョクは、キュートでふんわりしたやさしいフンイキ。いやし系のオーラの持ち主だよ。チャームアップ法で、もっともっとカワイくなってね♡

POINT 1　日焼け対策

日焼け止めをぬるときは、顔はもちろん、首や胸元も忘れずに！

POINT 2　見えないオシャレ

外出しないときも、部屋着やパジャマなどでオシャレを楽しもう。

POINT 3　つま先ケア

足のつま先のケアやマッサージを、とくに念入りにすると◎。

Part 3　オシャレ心理テスト

大スクープ!?
あなたを好きな男の子診断

あなたのことが好きな男の子は、いったいだれ!?

Q 今日はドキドキの初デート。デートの場所は彼の希望で決まったよ。それはいったいどこかな？

A プール
B 映画館
C 遊園地
D 水族館

うーん Ⓐ かしら…？

診断結果

診断結果 A アクティブBOY

スポーツマンで運動神経バツグンの男の子が、あなたを好きかも♡

診断結果 B スマートBOY

マジメで頭のいい男の子が、あなたに片思いしているみたいだよ！

診断結果 おしゃべりBOY

盛り上げ上手な男の子が、あなたと仲良くなりたがっているみたい。

診断結果 D クールBOY

ミステリアスな男の子が、あなたに熱い視線を送っているかもしれない……!?

スポーツマンタイプってなゆきちゃんにお似合いな気がする！

Part 4

恋している人も、まだの人も♡
ときめきラブ心理テスト

好きな人がまだいない女の子＆
片思いしている女の子におくる、ラブ心理テストだよ♡
ステキな恋の始まり方やあなたが好きになる
男の子のタイプを、
㊙心理テストで調べちゃおう♪
これであなたの恋は、
絶対バッチリかなうはず！

テスト1 てってい調査！
あなたの恋の始まり方

それぞれの質問にYESかNOで答えてね！　YES ➡　NO ➡

START

人と話すときは目を見て話す

メールや手紙の返事はすぐにほしい

海と山なら海のほうが好き

自分から好きな人に告白したことがある

こっそり、サインの練習をしたことがある

Part 4 ときめきラブ心理テスト

いったいどこで、どんな風にロマンスがスタートするのかな？心理テストであなたの恋を探っちゃおう♪

あつぃ…

暑さと寒さなら暑さのほうがガマンできる

→ **A** 118ページへ

ヒミツにしていたことをバラされたことがある

→ **B** 118ページへ

電車やバスではドアの近くに立つ

→ **C** 119ページへ

神社やお寺でお参りするのが好き

→ **D** 119ページへ

診断結果 1 あなたの恋は、いったい

A 彼から告白されて……

男の子から「好き！」と言われると、断れないあなた。情熱的なアプローチを受けている間に、じょじょに彼のことが気になってきて、恋が始まることが多いみたい。

恋の要注意ポイント

流されがちかも？
あなたの恋は基本的に受け身姿勢。でもゆずれないときはしっかり「NO」を彼に伝えて。

B 友だちがいつの間にか……

ただの友だちだと思っていた男の子が、急に気になりだしたら恋のスタートサイン♡ ずっとクラスが同じ子や、おさななじみの子がいたら要チェック！ 彼になる可能性大。

恋の要注意ポイント

素直になれないかも？
照れのせいで、アマノジャクになりがちなあなた。意地をはらず、あまえることも大事★

何がきっかけで始まるのかな!?

Part 4 ときめきラブ心理テスト

診断結果 C ひと目ぼれして……

あなたの恋はフィーリング重視。初対面でビビッときたら、そこでもう恋に落ちたと考えて◎。彼のことばかり考えすぎて、ねむれなくなっちゃうこともあったりして!?

恋の要注意ポイント
暴走しがちかも？
「好き」の気持ちがアツくなりすぎて、1人で突っ走っちゃいそう。カラ回りにご用心！

診断結果 D 自分から告白して……

あなたは、好きになったら積極的に行動するタイプ。あの手この手でアプローチして、ガンガン気持ちを伝える人。相手を自分のペースに巻きこんで、いつの間にか両思いに♪

恋の要注意ポイント
ちょっと強引かも？
恋がうまくいかないときは、おすことばかりではなく、引くことも考えてみて！

テスト2 未来の彼氏診断!?
あなたが恋に落ちる男の子

それぞれの質問にYESかNOで答えてね！　YES → 　NO →

START — 毎週チェックするドラマがある

洋服を買うときは流行が一番大事！

カワイイよりもキレイって言われたい

メールや手紙の返事はすぐにする

アイスクリームよりソフトクリームが好き

あなたが好きになるのは、
いったいどんな男の子？
運命の彼は、意外とすぐ近くにいるかも……！

Part 4 ときめきラブ心理テスト

5分前行動

待ち合わせ時間に
ちこくしたこと
がない

A 122ページへ

都会よりも
いなかが好き

B 123ページへ

外国語を勉強するなら
フランス語より
中国語

C 124ページへ

D 125ページへ

野菜よりも
肉・魚が好き

E 126ページへ

診断結果 ②

彼のハートをつかむひと言

「Aくんって、何でもできちゃうんだね！」

「私、あなたのことを尊敬してるの」

診断結果 A

ちょっぴり大人な
オシャレ男子

- かっこよさ 💎💎💎
- やさしさ 💎💎
- 大人っぽさ 💎💎💎💎
- おもしろさ 💎

あなたが恋に落ちる男の子は大人っぽくってオシャレなタイプ。落ち着いたフンイキがミリョク的で、いっしょにいると「私も彼に負けないように、しっかりしよ！」とやる気がわいてくるはず。彼のたよれるところにキュンとしちゃいそう♡

キョリを縮めるおまじない
ムーンストラップ

満月の夜、お気に入りのストラップやキーホルダーを、月の光に当てて。そして、ピンクのハンカチに包んでお守りにすると、彼とお近づきになれるよ！

彼のハートをつかむひと言

「たまには私のワガママも聞いてね♡」

「前向きなところ、見習いたいな」

診断結果 B

ちょっぴり強気な
オレ様男子

かっこよさ	💎💎💎💎
やさしさ	💎
大人っぽさ	💎💎
おもしろさ	💎💎

ポジティブで行動的、でもちょっと自己中でワガママ。そんなオレ様な男の子と、運命の恋に落ちそう！自分の意見をしっかりもって、最後まで意思をつらぬき通そうとする姿に「彼のことを支えたい♡」って、恋心がシゲキされちゃうはず。

キョリを縮めるおまじない
ストロベリーマジック

イチゴもようの便せんに赤いペンで「好き」とかいて、小さく折りたたんでペンケースに入れよう。1週間以内に、恋のチャンスがやってくるよ！

Part 4 ときめきラブ心理テスト

診断結果 2

彼のハートをつかむひと言

「Cくんって、男らしいね」

「いっしょにいると、タイクツしないな〜」

診断結果 C

ちょっぴり内気な
草食男子

かっこよさ	💎💎💎
やさしさ	💎💎💎💎
大人っぽさ	💎💎
おもしろさ	💎

あなたのハートをつかむのは、あまり恋愛に積極的ではないタイプの男の子。最初は、はっきりしない彼の態度に少しイライラしちゃうかも。でも、だれに対しても思いやりをもって接する態度に、いつの間にかトキメキを感じちゃいそう♡

キョリを縮めるおまじない
カレンダーの記念日

カレンダーの第2金曜日に、ピンクのペンで大きな♡をかいて！続けている間に、街でばったり出会ったり、話しかけられたりするチャンスがくるよ。

彼のハートをつかむひと言

「Dくんに聞いてよかった！」

「教え方がすごくわかりやすいね」

診断結果 D

ちょっぴりオタクな
知的男子

- かっこよさ
- やさしさ
- 大人っぽさ
- おもしろさ

頭がよくて、何でも知っているスマートな男の子が、あなたの運命の彼。シュミや得意なことが、少しマニアックだけど、何事にもマジメに取り組む姿に「いろいろなことを教えてもらいたい！」って、どんどん気になっていっちゃいそう♡

キョリを縮めるおまじない
ナイショのマグネット

マグネットを2つ用意して、あなたの名前のイニシャルと彼の名前のイニシャルをかいてね。並べて家の机の上に置いておくと、彼とキョリが近くなるよ。

Part 4 ときめきラブ心理テスト

当たりすぎ!?

あなたの恋愛○○度診断

恋愛をしたら、どんな変化があなたに起きるかな？
恋するあなたの○○度を、こっそりチェックしちゃお♪

Part 4 ときめきラブ心理テスト

テスト3 カードを落としちゃった！

トランプで遊ぼうとカードを手にしたら、うっかり床の上に落としちゃった！ 重なっているカードの、一番上に落ちていたのは？

- **A** ハートのA
- **B** ダイヤの5
- **C** スペードの3
- **D** ダイヤのQ

診断結果は次のページへGO!

127

診断結果 3

このテストでわかるのは……
彼氏ほしい度

A 20%

「ステキな人と出会えたら……」と理想はもちつつも、実際にはすごくほしいわけじゃないみたい。

B 70%

やさしくされると、好みのタイプじゃなくてもドキッとしちゃうくらい、本音では彼がほしいはず！

C 90%
告白されたら「じゃあ、今日からつき合おう！」って言うくらい、彼氏ほしい度はMAX状態！

D 40%

好きな人はほしいけど、「実際につき合うのはまだ早いかな」って、片思いを楽しみたい時期みたい☆

テスト 4 自分にプレゼント！

ときめきラブ心理テスト Part 4

オシャレでカワイイと人気の雑貨屋さんにやってきたあなた。自分のために1つだけ買うなら、次の4つの中から何にする？

 キラキラのペンケース

 シンプルなバッグ

 大人っぽいキーホルダー

 使いやすそうなノート

テスト 5 大好きなぬいぐるみ

小さなころから大事にしているクマのぬいぐるみに、服を作ってあげることにしたよ。さて、どんな服を作ってあげる？

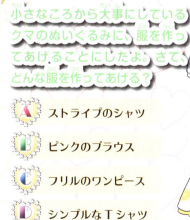

A ストライプのシャツ

B ピンクのブラウス

C フリルのワンピース

D シンプルなTシャツ

診断結果は次のページへGO!

診断結果 ④

このテストでわかるのは……
だまされ度

 50%
あなたは、自分の意見をしっかりもっているタイプ。でも好きな人に対しては、判断があまくなりがちに。

 30%
何度も何度も説得されると、疑うことがめんどうくさくなって「まあ、いいか……」と流されちゃうみたい。

 90%
あなたは「彼の言うことは絶対！」って、相手を100％信じちゃう人。だまされていても、気づけないタイプ。

 10%
何があっても冷静に、彼のウソを見ぬけるあなた。だまされそうになったら、逆に彼をだましちゃうかも!?

診断結果 ⑤

このテストでわかるのは……
ロマンチック度

 70%
心の底ではロマンチックな恋にあこがれているけど「現実には無理だよね……」と、あきらめているタイプ。

 50%
あなたは、理想と現実のバランスがいい人。でもたまに、ラブラブなカップルがうらやましくなることも。

 90%
あなたはかなりのロマンチスト。「告白されるなら絶対にこうじゃないと！」って、高い理想の持ち主。

 10%
そもそも、あまりロマンチックなことに興味がないあなた。さっぱりしたおつき合いが合っているみたい。

Part 4 ときめきラブ心理テスト

テスト6 予約したけど……

ずっとほしかったアクセサリーを買ってもらえることに！ でも今は売り切れ中みたい。どれくらい待てば、買えると思う？

- A 1週間
- B 1ヵ月
- C 半年
- D 1年

テスト7 お菓子を作ろう★

好きな人から「手作りクッキーが食べたい」ってリクエストされちゃった！ 絶対に失敗できない！ さて、どうする？

- A 本を読んで作る
- B お母さんと作る
- C お店で買っちゃう
- D 作るのをあきらめる

診断結果は次のページへGO！

このテストでわかるのは……
長続き度

 A　20%
両思いになるまでは100%、彼のことだけを考えているけど、思いが通じしたとたん、冷めちゃうタイプ。

B　40%
最初は順調。でも、ふとした瞬間に「彼のどこが好きなんだっけ?」って気持ちがわからなくなるかも。

 C　70%
おつき合い長続き度は◎。じっくりつき合って、相手のいいところも悪いところも受け入れられる人だよ。

 D　90%
一度好きになると、ずっとその人を思い続けられるあなた。イチズだけど「重い」って言われることも?

このテストでわかるのは……
ヤキモチ度

 A　70%
ヤキモチを焼いても、平気なふりをするあなた。心の中では気になるのに、直接彼に聞けないタイプ。

 B　10%
彼が他の女の子と仲良くしていても気にならない人。彼のほうが「シットしないの?」って不安になるかも!?

 C　90%
あなたはかなりのヤキモチ焼き。こまめに連絡をくれないと「今、何してるの!?」ってイライラしちゃう。

 D　30%
ヤキモチを焼くことはあるけど、あまり長引かないあなた。ネチネチと相手を問いつめたりはしない人。

テスト8 愛用の筆記用具は？

あなたがいつも使っている筆記用具の中で、一番気に入っていて、なくしたら困るのは次の3つのうちどれかな？

 エンピツ

 定規

 消しゴム

テスト9 読書中に……

集中して本を読んでいたら、急に電話の鳴る音が聞こえたよ。このまま、本の続きを読みたいけど……どうしよう？

 しおりをはさんで、電話に出る

 本をウラ返しにして、電話に出る

 他の人が出るから、電話に出ない

 耳をふさいで、読書を続ける

このテストでわかるのは……

八方美人度

 A 20%
好きな人や彼氏ができると、他の男の子からのおさそいは断るあなた。八方美人度はかなり低め。どちらかというとイチズだよ！

 B 50%
あなたは「友だちとしてなら、仲良くしてもいいかな」と、好きな人や彼氏ができても、おつき合いを制限しないタイプだね。

C 80%
あなたは、だれに対しても好意的に接するタイプ。まわりの子から「オレのこと好きだよね？」って、かんちがいされることも！

このテストでわかるのは……

ウワキ度

 A 0%
あなたは「大好きな彼をウラ切ることはできない！」って、絶対にウワキはしない、とってもマジメなタイプ。ウワキはありえないよ。

 B 90%
「自分にウソはつけない！」と、好きな気持ちを優先するあなた。サクッと彼をフって、次の恋に前向きに進みそう。

 C 70%
決断することがニガテなあなた。「2人とも好きだから決められないし、どうしよう……」と、いつまでもウジウジなやんじゃうかも。

 D 30%
自分から積極的にウワキすることはないけど、相手から告白されると、「どうしようかな」なんて、気持ちが動いちゃう可能性も！

テスト10 キレイにしましょ♪

ずぶぬれの子イヌを発見！ 洗ってあげることに。どこから洗う？

 脚
 おなか
 背中
その他

テスト11 声優に初チャレンジ！

アニメの声優にチャレンジするチャンスをゲット！どの役を演じる？

 主人公の恋人役
 主人公のお姉さん役
 主人公の恋人のライバル役

テスト12 音楽のテストは？

今日は歌のテスト。他の人が歌っている間、あなたは何をして待つ？

 歌詞を覚える
 他の人の歌を聞く
 こっそりいっしょに歌う

診断結果は次のページへGO！

診断結果 10

このテストでわかるのは……
むっつりスケベ度

 50%

むっつりと言うよりも、あなたは明るくオープンなスケベタイプ。

 90%

頭の中はいつもエッチでいっぱいかも!? かなりのむっつりスケベ。

 10%

エッチな話はニガテなあなた。はずかしくなってその場からにげちゃう。

 30%

あなたのむっつりスケベ度は標準。ちょっと興味があるタイプだね。

診断結果 11

このテストでわかるのは……
キケンな恋にハマる度

 10%

キケンな恋の可能性ゼロ！ 危ない場所には近づかないタイプ。

 50%

キケンだとわかった瞬間、気になってしかたなくなっちゃうかも。

 90%

キケンな恋ほど燃えるあなた。むしろ、ふつうの恋はつまらない!?

診断結果 12

このテストでわかるのは……
失恋引きずり度

 10%

気持ちの切りかえが早いから、失恋を引きずることはないタイプ。

 50%

まわりの友だちに支えてもらって、少しずつ立ち直る人だよ。

 **90%**

あなたは長い間、ズルズルと失恋を引きずっちゃうタイプかも。

このテストでわかるのは……
男の子がドキッとするミリョク

A 気配り上手なところ

まわりの男の子があなたにドキッとするのは、気配り上手なところを見たとき。困っている人を助ける思いやりの深さに、「ステキな女の子だな」ってときめいちゃうみたい♡

B 笑顔がカワイイところ

あなたのミリョクは、ズバリ、笑顔がカワイイところ！ 男の子たちはいつもニコニコ笑顔を忘れないあなたを見て、「ほがらかで明るい子」って好印象をもっているよ。

C ちょっぴりドジなところ

何もないところで転んだり、うっかり言いまちがえたり、ちょっとドジなあなた。そんなあなたの天然ボケに「守ってあげたい！」って、男の子たちはドキドキしているみたい★

診断結果 14

このテストでわかるのは……
男の子がガッカリするところ

A 言葉づかいがあらいところ

いつもは女の子らしいのに、怒ったりケンカをしたりすると「ムカツク！」なんて言葉づかいが乱暴になっちゃう。男の子たちはそういう姿に、ガッカリしちゃうから要注意！

B ぶりっこするところ

男の子に対する態度と、女の子に対する態度が180度ちがうあなた。表の顔とウラの顔とのギャップに、「どっちが本当の顔なの!?」って男の子がドン引きしちゃうことも！

C ちょっとワガママなところ

あなたのガッカリポイントは、ちょっとワガママすぎるところ。最初は「カワイイ♡」と思ってくれていた彼も、ヒートアップするワガママについていけなくなるみたい。

140

テスト 15

Part 4 ときめきラブ心理テスト

今日は2週間ぶりのデートの日♥

ごめん！お待たせ！

おそい！

何があったかちゃんと説明して

あ…えっと…

怒っている彼女に彼が言ったセリフは？

A ゴメン！次は気をつけるよ

B 時間をまちがえたんだ

C 忘れものしちゃってさ……

診断結果は次のページへGO！

このテストでわかるのは……
あなたの恋のバイオリズム

A 恋のチャンスは春★

あなたの恋愛運が好調なのは、春。ステキな出会いがあったり、告白してOKをもらえたりする確率がアップするよ。でも、秋はちょっぴり運気が不調。注意深く過ごしてね。

B 恋の季節は夏から秋♡

ラブチャンスがやってくるのは、ズバリ夏★ かがやく太陽の光が、あなたの恋愛運をパワーアップしてくれるはず。冬は少し運気が下がるから、告白する時期は夏がベスト！

C イベントいっぱいの冬♪

クリスマス、お正月、バレンタインなどイベントいっぱいの冬がラブ運◎。告白の成功率もアップするし、出会いもありそう。気をつけたいのは春。アクシデントが増えるかも。

注目♡イベント
お花見に出かけて

運気絶好調の4月。どんどん外に出かけて、季節の花に囲まれよう！ お花の妖精がラブ運アップのチャンスをくれるはず♡

注目♡イベント
夏休みは外出しよう！

花火大会やキャンプ、海、プールなど夏らしいイベントを楽しもう！ 運気が☆たから、ステキな出会いがありそうだよ♪

注目♡イベント
12月はラブ運最高

あなたのラブ運がMAXになるのは、12月。この時期は積極的に外出すると、さらにハッピー＆ラッキーを引き寄せられるはず♡

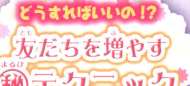

どうすればいいの!? 友だちを増やす㊙テクニック

友だちを増やすテクニックを、心理テストで早速チェック！

Q 道で泣いている女の子を発見！ 迷子になっちゃったみたい。あなたならどうする？

 A 交番に連れていく

 B 家まで送る

 C 泣き止むまで待つ

ぴぇぇ ぇぇん

私だったら…うーん、たぶん🅰かな

オーライ！🅰ね！

診断結果

診断結果 A　あいさつが大事！

あなたに必要なのは、あいさつ。元気な声で「おはよう！」からチャレンジ★

診断結果 B　聞く姿勢が大事！

クラスメイトの話の聞き役にまわって。少しずつ、人が集まってくるはずだよ！

診断結果 C　話題が大事！

おしゃべりの話題をたくさん用意するのが◎。テレビや雑誌で情報収集して♪

あいさつかぁ…

そうだよね
私が勇気を出さないと

Part 5

キズナをもっと強くしよう♪
新友＆親友 心・理テスト

仲良しの友だちともっと仲良くなる方法＆
新しくステキな友だちを作る方法を
心理テストで大しょうかい♪
ケンカしちゃったときのアドバイスも
あるから、グッとキズナが強くなるはず。
先輩・後輩との上手な
おつき合いテクも見のがせないっ！

友だちの輪を広げよう！
新友リサーチ大作戦♡

あなたの新しい友だちは、いったいどこにいるんだろう！？
新友をゲットする方法を診断してみよう♪

質問1
遊園地で記念撮影をしたよ。
女の子のとなりに写っているのは？

- ⓐ 彼
- ⓑ 親友
- ⓒ 家族

質問2
電車の駅でポスターを発見！
何についてかいてあるポスターだった？

- ⓐ 旅行会社のツアー案内
- ⓑ 新発売コスメの広告
- ⓒ 塾の講習のお知らせ

質問3 このジグソーパズルを作っている人は、どんな人？

- ⓐ かなり年を取った人
- ⓑ 30才くらいの人
- ⓒ 10代の若者

かわいいイヌのポストカードを買ったよ。このイヌに名前をつけるなら？

- シロ
- ぽち
- 太郎

★ 診断方法 ★

質問1～4の答えを表に当てはめて、合計点を出してね。

	a	b	c
質問1	5	3	1
質問2	3	5	1
質問3	5	1	3
質問4	1	3	5

17点以上 …… 診断 **A**
13～16点 …… 診断 **B**
9～12点 …… 診断 **C**
8点以下 …… 診断 **D**

診断結果は**次のページへGO！**

あなたが新しい友だちと出会える、場所とキッカケを診断！

診断結果 A 出会いは意外と近くに♪

クラスがえや席がえの当日、となりの席や前後の席になった子に注目！ 今までおしゃべりしたことがない子とも、うわさ話をキッカケに仲良くなれるはず。

㊙リップクリーム

新しいリップクリームを用意して、好きなところに緑のペンで♣をかいてね。新友ゲットのお守りになるよ♡

よろしくね！

診断結果 B 朝の時間に出会えそう★

朝、学校に登校してクツをはきかえるときに出会った子が、あなたの新しい友だちだよ。好きな芸能人やアイドルの話をキッカケに、一気に仲良くなれそう！

フレンドアルファベット

チョコに指でアルファベットのFをかいて、1かけらを食べてから登校すると、友情運がアップするよ。

おはよう

診断結果 C 休み時間に交流して！

ろう下をウロウロしているときや、移動教室のときに、なんとなくいっしょになった子が新友に。コンビニの新商品や、食べものの話で楽しく盛り上がれるはず★

ネコのおまじない

上ばきのウラに小さく、ネコの絵をかいてね。だれにもバレずに1週間経ったら、新しい友だちが現れるよ。

診断結果 D 学校帰りにバッタリ♡

放課後、帰るときに校門でバッタリ会った子が、あなたの新しい友だち。好きな本やマンガ、シュミの話をキッカケにどんどん交流が深まっていくみたい♪

ゴールドスプーン

金色のスプーンで、好きな味のアイスクリームを食べて。そのあと「トヴェリクス」と3回唱えればOK！

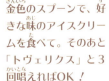

Part 5 新友＆親友心理テスト

153

何でも話せる大事な存在♪
心理テスト de 親友GET!

クラスメイトよりも、友だちよりも、特別な親友。
心理テストでキズナをいっぱい深めちゃおう♡

質問 1 買いものリストを見て、夕食のメニューを予想してみよう★

ⓐ ヤキトリ、冷ややっこ、玉子サラダ

ⓑ 親子どん、とうふのみそしる

ⓒ チキンカツ、湯どうふ、玉子焼き

質問 2 教室でそうじをしていたら、メモが出てきた！続きは何がかいてある？

ⓐ 「何やってるの？」

ⓑ 「用があるんだけど」

ⓒ 「ねぇ、B子を知ってる？」

質問3

お姉ちゃんのおこづかい帳を発見。
一番上にかいてあったものは？

おこづかい帳		
うちわけ	つかったお金	日にち
？？？	1800円	3月10日
およう ふく	3000円	4月1日
ランチ	1000円	4月5日

ⓐ 好きな彼へのプレゼント

ⓑ コスメアイテム

ⓒ 映画の前売り券

質問4

テレビで新しいCMが流れたよ。
◯◯に入るCMソングの歌詞の続きは？

 ⓐ 夢

 ⓑ 愛

 ⓒ やさしさ

決して忘れないわ♪ あなたの◯◯〜

★ 診断方法 ★

質問1～4の答えを表に当てはめて、合計点を出してね。

	a	b	c
質問1	5	3	1
質問2	3	5	1
質問3	1	3	5
質問4	1	5	3

17点以上 …… 診断 **A**
13～16点 …… 診断 **B**
9～12点 …… 診断 **C**
8点以下 …… 診断 **D**

診断結果は次のページへGO！

Part 5 新友＆親友心理テスト

親友になる子のタイプと、親しくなるコツをてっていしょうかい！

診断結果 A 明るい子に注目！

声が大きくてにぎやかな子が、あなたの親友になりそうだよ。どこにいてもめだっちゃう、キラキラしたオーラが目印。その子とは、大親友になれる可能性大★

↓親しくなれる秘テク↓
会話のノリを研究しよう

ボケとツッコミを研究して、会話の最中、彼女に自然にツッコミを入れられるようになればカンペキ！

診断結果 B 個性的な子に注目！

あなたの親友になりそうなのは、ちょっとユニークな女の子。彼女と話しているといろいろなアイデアが生まれて、たくさんのシゲキをもらえそう♪

↓親しくなれる秘テク↓
シュミをチェックしよう

自分の意見をしっかりもっている子だから、無理に話を合わせるより、おたがい好きなものの話をするのが◎

Part 5 新友&親友心理テスト

診断結果 C いやし系の子に注目！

のんびりしていて、ほのぼのしたフンイキの子はいない？　彼女があなたの親友になりそう。困ったときに助け合える、ステキな関係を築けるはずだよ。

→親しくなれる㊙テク→
食べものの好みを聞こう

お弁当の日はおかずを交かんしたり、2人でお菓子作りをしたり。食べものをきっかけに仲良くなれそう。

診断結果 D 内気な子に注目！

ひかえめで、おとなしい女の子があなたの親友になりそう！　だれにも言えなかったなやみを相談したり、ツラいときに、はげまし合ったりする仲になれそう♡

→親しくなれる㊙テク→
いっしょにいる時間を増やそう

とにかくいっしょにいる時間を増やすのが◎。それだけで2人のキズナは、どんどん強くなっていくはず。

テスト3 気になるあの子と仲良く★
親密度アップ法診断

あの子と仲良くなりたいけど、どうしたらいいの!?
そんなときはこの診断で、親密度アップ法をチェック！

質問1 仲良くなりたい子を花にたとえるとどんなイメージ？

a ヒマワリ b タンポポ c バラ d ユリ

質問2 彼女を色で表すと、何色が一番ピッタリだと思う？

a 赤 b 白 c 青 d 黒

質問3 彼女のヘアスタイルは、次の4つの中でどれに近い？

a ショート c ロング
b セミロング d ボブヘアー

質問4 仲良くなりたい子の食べるスピードをチェックして！

a ゆっくり b 早い c ふつう d すごくおそい

Part 5 新友&親友心理テスト

質問5 彼女がクラスメイトにあいさつするときは、どんな感じ？

- ⓐ 大きな声で元気よく
- ⓑ だれにでもていねい
- ⓒ 小さな声ではずかしそう
- ⓓ 何も言わないことが多い

質問6 もし、彼女がシンデレラの劇をやるなら、何役だと思う？

- ⓐ シンデレラ
- ⓑ 魔法使い
- ⓒ イジワルなお姉さん
- ⓓ 男装して王子様

質問7 将来、彼女に似合いそうだな～って思うファッションは？

- ⓐ ショップ店員風
- ⓑ 芸能人風
- ⓒ OL風
- ⓓ セレブ風

★ 診断方法 ★

質問1～7の答えを表に当てはめて、合計点を出してね。

	a	b	c	d		a	b	c	d
質問1	5	3	7	1	質問5	7	3	1	5
質問2	5	0	3	1	質問6	3	7	5	1
質問3	5	1	3	7	質問7	5	1	4	3
質問4	3	1	5	2					

- 31点以上……診断 **A**
- 30～20点……診断 **B**
- 19～11点……診断 **C**
- 10点以下……診断 **D**

➡ 診断結果は次のページへGO！

159

仲良くなりたい子へのアプローチ法だよ！

おもしろさをアピール♪

話題が豊富で、話し上手なところをアピールするのが◎。積極的にあなたから話しかけて、おしゃべりにさそうのもおすすめだよ！

それでね！

やさしさをアピール♪

困っているところを見かけたら、すかさずサポートしてあげよう！思いやりのあるところをアピールするのが、仲良くなるコツ★

手伝える事はない？

診断結果
A B
C D

今からあそばない？

やろうよ！いっしょに

行動力をアピール♪

積極的に遊びにさそうことが、仲良くなる一番の近道。休み時間や昼休みなど、こまめにさそってあげると喜んでくれるはず♡

根気強さをアピール♪

ゆっくり、時間をかけて仲良くなるのがおすすめ。同じクラス委員や係に立候補して、なるべくいっしょに過ごすと◎。

あなたにピッタリなのは？
おつき合いテク診断！

先輩＆後輩と仲良くなるコツや、ケンカしたときの「ごめんね」の伝え方だって心理テストで診断できるっ★

Part 5 新友＆親友心理テスト

昨日やったはずの宿題を、うっかり家に忘れちゃったあなた。先生になんて言う？

A 持ってくるのを忘れました

B 何も言わずにだまる

C 宿題はやったんですけど……

D 家に取りに帰っていいですか？

診断結果は次のページへGO！

161

このテストでわかるのは……

診断結果4 年上の人とのおつき合いテク

A 責任感をもとう！

あなたは基本的に年上の人から好かれるタイプ。でも、あまえるのは上手だけれど「たよりないなぁ」って思われているかも。自分の意見をしっかり伝えるように心がけると◎。

ちがいます！

B リラックスが大事！

きんちょうすると、何を話せばいいのかわからなくなってしまうあなた。大切なのは、リラックスすること！　それだけで、特別なことを意識しなくても、親しくなれるはず。

C 上手にあまえてみよう！

行動的なあなたは年上の人からもたよられる存在。でも何でも自分1人で解決しちゃうから「もっとたよってほしい！」と思われているかも。上手にあまえるクセをつけてみて。

お願い〜

ありがとうございます！

D 敬語をきちんと使って！

だれにでもフレンドリーなのが、あなたのいいところ。でも、言葉づかいには注意が必要だよ。年上の人にはタメ口で話さず、きちんと敬語を使うことを意識してみよう！

162

このテストでわかるのは……

診断結果5 年下の人とのおつき合いテク

A おしゃべりを楽しもう

年下の人からのあなたの印象は「少しこわい人」。だまっていると「怒っているのかな？」ってかんちがいされちゃうから、積極的に話しかけてあげて！

あ、あの!!

B 意見ははっきりと

自分の意見をはっきり伝えないと「年上だけど、たよりにならないなぁ」って思われちゃいそう。ビシッと言うときは、ビシッと言うことが大切。

ビシッ!

C 先輩らしさを意識して

社交的で、年下の人ともすぐに仲良くなれちゃうあなた。でも先輩・後輩の区別はきちんとしないと、先輩として尊敬されなくなっちゃうから注意。

D 明るい笑顔が◎

あなたは年下の人に「マジメでおとなしい先輩」と思われているみたい。もう少しフレンドリーさを心がけると、もっと仲良くなれるはずだよ★

にぱっ♡

E マジメさをアピール

あなたの年下の人からの印象は「ノリはいいけど、少しズボラな人」。ときにはマジメなところを見せて、先輩として堂々とふるまうのがおすすめ。

あなたは夢の中で、迷子になってしまったみたい。家に帰りたいけど、どうやって帰ろうかな？

A 地図を探す
B 人に聞く
C 迎えを待つ
D 適当に歩く

森の中を歩いていると、どこかから音楽が聞こえてきた！ 演奏しているのは、だれだと思う？

A 動物
B 妖精
C 旅人
D だれもいない

診断結果は次のページへGO！

このテストでわかるのは……

診断結果 6 ケンカを防ぐ㊙テク

A 相手の気持ちを考える
ムッとすることがあってもすぐに言い返さず、相手の立場になって気持ちを考えてみると、仲良くすごせるはずだよ。

B 自分の意見を整理する
言いたいことを頭の中で整理してから話すことが大事。小さなトラブルがグッと減って、ケンカもなくなるはずだよ！

C テキパキ行動する
じっくり考えることも大事だけど、相手を待たせるのはNG。なるべく友だちの予定も考えてテキパキ行動して。

D ワガママにならない
あれこれやりたいことが多すぎて自分の意見をおしつけがち。思いやりのハートをもって、ゆずり合う気持ちが大切。

このテストでわかるのは……

診断結果 7 「ごめんなさい」の伝え方

A 手紙をかこう
ケンカしちゃった友だちにあやまるときは、手紙で伝えるのが◎。

B 電話がおすすめ
おすすめの伝え方は、電話。素直な気持ちであやまれるはず。

C 友だちといっしょに
仲良しの友だちについてきてもらって、直接あやまってみて。

D 直接伝えて
きちんと相手の目を見て「ごめんなさい」と伝えるのがおすすめ。

友だちのウラの顔……

4コママンガで診断!

気になるあの子の"本当に考えていること"をあばいちゃえ!
友だちにやってもらう心理テストを大しょうかい★

Part 5 新友&親友心理テスト

4コマ目には何が入ると思う?

友だちに聞いてみて!

A あきらめる

B うばい合う

C うばわれる

診断結果は次のページへGO!

診断結果 8 このテストでわかるのは……
友だちの**腹黒度**

A 20%
潔くあきらめた彼女の腹黒さは、かなり低め。もともと、あまりものにこだわらない性格みたい。まわりの人から「クールだね！」って、言われることも多いんじゃない？

B 80%
ほしいものはゼッタイに手に入れたいと思う彼女。腹黒度はかなり高そう。目的のためなら手段を選ばないから、みんな「あの子、ちょっとこわい……」と思っているかも。

おかわりのフルーツポンチをこしなさいよー

C 50%
彼女の腹黒度はそこそこ。でも「これだけはゆずれない！」ってときは別人のように悪知恵がはたらくから、他の友だちがびっくりしちゃうくらい、腹黒くなることも！

ヒッヒッヒもうすでにフルーツポンチはゲットずみー

4コマ目には何が入ると思う？

 A ティアラ

 B ハートのダイヤ

 C ジュエリーケース

診断結果は次のページへGO！

診断結果 9 このテストでわかるのは……
友だちの**ワガママタイプ**

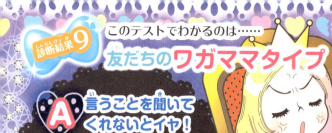

最高級のステーキにしてちょうだい！

A 言うことを聞いてくれないとイヤ！

何でも自分の思いどおりに進まないと、ムカッとしちゃうタイプ。人に無視されたり、命令されたりするのが大キライ。きげんが悪くなったら、深呼吸してリラックスしてもらおう！

髪…切った…？

早く気づいてよ

B チヤホヤしてくれないとイヤ！

髪を切ったら「髪切った？」と気づいてほしいし、新しい服を着た日は「カワイイね！」とほめてほしい彼女。自分から「髪切ったんだよ！」と言う前に、気づいてあげて！

C 自分が一番じゃないとイヤ！

勉強もスポーツも、自分が一番にならないとイヤ！ 勝気で負けずギライだから、勝負に負けそうになるだけでイラッとしちゃう。きげんが悪そうなときは、近寄らないように！

テスト10

1 2
3 4

4コマ目には何が入ると思う？

友だちに聞いてみて!

A 無表情な女性が勝つ

B 一番若い男性が勝つ

C 2人とも負ける

Part 5 新友&親友心理テスト

診断結果は次のページへGO!

このテストでわかるのは……
友だちのニガテなこと

診断結果10

A ワイワイするのがニガテ

みんなといっしょに遊ぶよりも、1人で静かに本を読んでいるほうが好きみたい。テーマパークやカラオケではしゃぐより、映画をいっしょに観にいくほうが楽しんでくれそう。

B いろいろ考えるのがニガテ

集中力が高い分、1つのことにのめりこみやすいタイプ。同時にいろいろなことを考えるのがニガテだから、そばにいて「こうしたら?」とアドバイスしてあげると喜んでくれるはず。

C 勝負をするのがニガテ

「私が勝ったら相手がかわいそうだし、私が負けたら、気を使わせちゃいそう」と、勝ち負けを決めるのがニガテみたい。「勇気を出すことも大事だよ」って声をかけてあげて。

ABCDに当てはまる、友だちの名前を教えて！

A 飲めない！と断るのは →

B こっそり捨てちゃうのは →

C 最初に飲むのは →

D 泣きながら飲むのは →

診断結果は次のページへGO！

診断結果11 このテストでわかるのは……
友だちの**ランキング**

A たよりがいNo.1！アネゴ的ポジション

B ずっといっしょにいたい大事な大事な親友♪

飲めない！と断る子
↓
尊敬できる友だち

いざというときに「たよりになる！」と感じている友だちだよ。困ったときや心配事があるとき、真っ先に相談したいと思う相手のはず。いっしょにいると、自分自身も成長できると感じる、尊敬できる友だちだよ★

こっそり捨てちゃう子
↓
気が合う友だち

「こっそり捨てるかも？」と予想した友だちは、気が合う親友。何も言わなくても、フィーリングでわかり合えるステキな相手！　笑いのツボがいっしょだったり、シュミが同じだったり、共通点がたくさんあるはず♪

Part 5 新友&親友心理テスト

C

勝っても負けても成長し合える関係☆

最初に飲む子
↓
よきライバル

「最初にジュースを飲みそうだな」と思った友だちは、彼女にとってよきライバル。基本的な性格や得意なことが似ているから、おたがいに、いいシゲキを与え合えるよ。かけがえのない、キズナが育める相手！

D

スキを見せると何かが起きそう!?

泣きながら飲む子
↓
ゆだんできない子

いっしょにいて楽しいけれど、なぜか「ゆだんできない！」と感じている子の名前がここにあるはず。「もっと仲良くなりたい」と思っても、なかなかキッカケがつかめなくて、ちょっと時間がかかっちゃうかも？

こっそりチェック♡
気になる彼はどんな男の子？

あなたの気になる彼のタイプを、こっそり診断しちゃえ！

Q 彼に一番似合う色は、次の4つの中ならどれ？ 最初にピンときた答えを選んでね！

- **A** 白、水色
- **B** 紫、青
- **C** 緑、黄緑
- **D** 赤、オレンジ

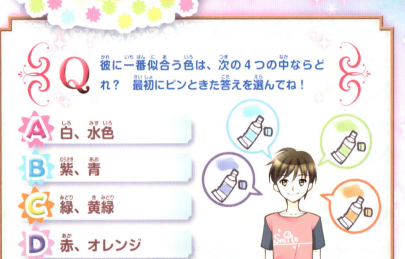

診断結果 A　いやし系男子

彼はやさしいフンイキがミリョク的な、いやし系男子みたい！アクティブで積極的な女の子と相性◎。

診断結果 B　モテ系男子

あなたの気になる彼は、オシャレでモテモテなタイプ。思いやりがあって、やさしい女の子が好きみたい♡

診断結果 C　マジメ系男子

正義感が強くて、マジメな男の子。ちょっぴりドジな女の子のことが、気になって放っておけないタイプ。

診断結果 D　やんちゃ系男子

彼は、アクティブで行動的な男の子だね。大人っぽくって落ち着いたムードの女の子が、好きなタイプ。

㊙アプローチ法を伝授♡

めちゃモテ
テク講座

気になる彼とあなたとのキョリは、今どのくらい？
大好きな彼があなたのことをどう思っているか、
心理テストなら診断できちゃう！
ふだんは聞けない、
彼の好きな女の子のタイプや
デートにさそったときの反応まで、
こっそりチェックしよ♡

テスト1 この恋、教えて！ 両思い？片思い？

質問を読んで、当てはまる答えに進んでね！

1
大好きな彼に話しかけられたのに、上手にリアクションができなかったことがある。

ある　　2へ
ない　　3へ

2
気になる彼が一番仲良くしている友だちって、どんな男の子？　近いほうを選んでね。

明るくておもしろい　　4へ
おとなしくてマジメ　　5へ

3
10年後、大人になってから街でぐうぜん彼に出会ったら、何て声をかける？

久しぶりだね！　　6へ
ずっと会いたかった！　　7へ

4
彼の誕生日、血液型、好きな食べ物、ニガテな科目、シュミ……あなたはいくつ知ってる？

3個以上　　8へ
2個以下　　9へ

5
大好きな彼と、つき合えることになったあなた。最初に彼と約束するなら、どっち？

毎週デートする　　
毎日メールをする　　

6
1つだけ、自分の見た目を自由にかえることができるとしたら、どっちをかえたいと思う？

髪の毛の長さや色　　10へ
身長や体重

あなたの片思いは両思いまで、
あとどれくらい？
彼とのお近づき度を心理テストで
チェックしよう♡

Part 6 めちゃモテテク講座

7
もし、あなたが1人で泣いていたら、彼は何て声をかけてきてくれるかな？

「だいじょうぶ？」　10へ

「先生を呼んでくる」　11へ

8
彼の20才の誕生日に、プレゼントするなら何をあげたい？　直感で選んでね。

腕時計　10へ

ネクタイ　9へ

9
選ぶとしたら、どっち？

自分だけ幸せで
まわりは不幸　診断B

まわりは幸せなのに
自分だけ不幸　10へ

10
今から10秒以内に、彼のステキなところ、好きなところを5つ以上言える？

言える　11へ

言えない　12へ

11
彼が困っていたら、あなたは何て声をかける？

どうしたの？　診断C

私にできることはある？　診断D

12
もし、あなたが1週間学校を休んだとしたら、彼はおみまいにきてくれそう？

来てくれないかも……　11へ

来てくれるはず　診断A

診断結果は次のページへGO！

183

テスト 1 診断結果

診断 A

両思い度 80％

あなたの恋は両思いまであと一歩の段階♡ 何かきっかけさえあればすぐに、彼とのキョリは縮まりそうだよ！

診断 B

両思い度 60％

このまま積極的に彼とコミュニケーションを取れば、すぐに両思いになれる可能性が高いよ★ 笑顔を心がけることが大事。

診断 C

両思い度 30％

態度や言葉でアピールするよりも、ここは思い切って一歩引いてみるのが、両思いへの近道になりそう。カケヒキが大切だよ。

診断 D

両思い度 10％

まだまだ両思いまでの道のりは遠そう……。彼に意識してもらうために、まずは友だちとして仲良くなることから始めて♪

彼の本音 CHECK 1 〜リアクションテスト〜

私のこと、どう思ってる？

Part 6 めちゃモテテク講座

彼に心理テストを試して、本音をあばいちゃおう♡

テスト 2

「ゴミがついているみたい！」と彼に言ってみて。
彼はどんな反応をした？

 シャツを気にする

 ズボンや足元を気にする

 顔に手をやる

テスト 3

「じゃんけんしよう！」と彼に勝負を申しこんでみて！
彼が出したのは？

 グー

 チョキ

 パー

診断結果は次のページへGO！

テスト2 診断結果　　　このテストでわかるのは…

彼の中でのあなたのポジション

 気になる女の子
彼にとってあなたは気になる存在。なやみごとの相談をすると、キョリが縮まる予感がするよ！

 気の合う友だち
話しやすい女友だちだと思われているみたい。意識してもらうには、本音で話すのがオススメだよ。

 ただの知り合い
まだまだ、気をゆるしていないのかも。ただのクラスメイト・知り合いといったところだね。

 テスト3 診断結果　　　このテストでわかるのは…

彼が好きなあなたのミリョク

 頭のいいところ！
いろいろな話題を知っている、かしこいところ。彼は、あなたと話すのが楽しいみたいだよ♡

 ピュアなところ！
ちょっとイジワルしたくなっちゃう、ピュアなところ。イジワルは愛情のウラ返しかも!?

 ドジなところ！
見た目はしっかりしていそうなのに、天然ボケの多いところに、彼はドキドキしているんだって！

彼の本音CHECK① 〜リアクションテスト〜 Part 6

めちゃモテテク講座

テスト4

彼と話しているとちゅう、急に「あっ！」と言いながら上を見て。彼の反応は？

 つられて上を見る

 まわりをキョロキョロする

 「何？」とあなたに聞く

テスト5

「SNSのプロフィール写真を、何にしようか迷ってるの」と相談しよう。彼は何て言った？

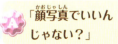 「顔写真でいいんじゃない？」

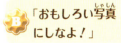 「おもしろい写真にしなよ！」

 「ふーん」

診断結果は次のページへGO！

187

テスト4 診断結果 このテストでわかるのは…

彼のウソつき度

 ウソつき度10%
彼はあなたに、かなり本音で接しているみたい。異性として意識してくれているはず♡

 ウソつき度40%
悪いウソはつかないけど、かっこいいところを見せようと、話を盛ることがあるみたい。

 ウソつき度70%
今のところ、彼はあなたに話を合わせがち。親密度を上げれば、本音が聞けるはずだよ！

 テスト5 診断結果 このテストでわかるのは…

彼の理想の女の子

 シュミが合う子
彼のタイプは、好きなものやシュミが同じ女の子。彼の好きなものを調べちゃおう！

 カワイイ子
見た目重視の彼。ボーイッシュなファッションよりは、女の子らしい服がオススメ★

 やさしい子
彼は思いやりがあって、やさしい子が好きみたい。時間をかけてアピールするのが◎。

彼の本音CHECK② 私のこと、どう思ってる？

～ボディタッチテスト～

ちょっとドキドキのボディタッチで、彼の本音がわかる!?

Part 6 めちゃモテテク講座

テスト6

右手を見せ「一番生意気だと思う指を引っぱって！」と
お願いして。彼が引っぱったのは？

 親指か人差し指

 中指か薬指

 小指

テスト7

彼と向かい合って座って、軽く足をふんでみよう！
彼の反応は、次のうちどれ？

 「ふむなよ～」と笑顔で注意

 「いて～！」と大さわぎ

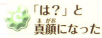 「は？」と真顔になった

診断結果は次のページへGO！

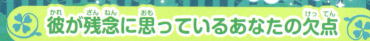

彼が残念に思っているあなたの欠点

A ガサツな言葉づかい
キツイ言い方や、らんぼうな言葉づかいを聞くと、彼はすごくショックを受けちゃうみたい！

B 八方美人な態度
意見を人に合わせて、だれにでもいい顔をするところが「もっとしっかりしてほしい」って思われていそう。

C はっきりしないところ
いつまでもウジウジなやむところが「早く決めてほしいな」って彼をイライラさせているのかも。

告白したときの彼の反応

A すぐに返事をする
彼はその場ですぐに返事をするタイプ。強気で「つき合って！」と告白するのが効果◎。

B みんなに言いふらす
うれしくなって告白のあと「アイツ、オレのこと好きなんだぜ！」ってみんなに言いふらしちゃいそう。

C だれにも言わない
ヒミツを守って、じっくり返事を考えてくれそう。安心して告白できる相手だよ♡

彼の本音CHECK 3 〜お絵かきテスト〜

私のこと、どう思ってる？

簡単なお絵かきで、彼の本音にグッと迫っちゃおう！

Part 6 めちゃモテテク講座

テスト 8

「このイラストにアリをかき足して！」とお願いしてみよう。彼はどこにアリをかいた？

 A 床の上

 B 机の上

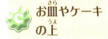 C お皿やケーキの上

テスト 9

「シュートするなら、どこをねらう？」って聞いてみて！彼はどこにボールをかいた？

A キーパーより右上か左下

B キーパーより右下か左上

C その他

診断結果は次のページへGO！

191

テスト 8 診断結果　　このテストでわかるのは…

彼はあなたの恋心に気づいてる？

 A 全然気づいていない！
彼は超ドンカン。あなたからはっきり「好き」と伝えないと、これから先も気づかなさそう！

 B ちょっと疑っている
「もしかして？」と疑っている状態。あせらずに、じっくりキョリを縮める時期だよ。

 C 恋心は彼にバレバレ
彼はあなたの気持ちに気づいているみたい♡　彼のほうから告白してくれる日も近い!?

 テスト 9 診断結果　　このテストでわかるのは…

デートにさそったときの反応

 A 「ごめん……」
女の子からさそわれると、引いちゃうタイプ。彼からさそわれるまで、気長に待とう！

 B 「OK！」
ノリがいいからすぐ返事をくれるけど、待ち合わせ場所＆時間はしっかり確認して♪

 C 「どーしよっかなー」
もったいぶって、返事はじらされるかも。根気強く、イライラしないで待つのが正解。

意外と簡単!?

モテテク心理クイズ

心の動きがわかれば、モテるコツだってわかる!

Part 6 めちゃモテテク講座

テスト 10
仲良くなりたい男の子に話しかけるとき、効果的な呼び方は、次のうちどれ?

 名字ではなく、名前で呼ぶ

 ニックネームで呼ぶ

 「カッコいいね!」とまずほめる

テスト 11
彼のほうから話しかけてくれたときは、どんな風に聞くのが正解?

 とにかく笑顔で聞く

 大きくリアクションする

 「それで?」と続きをねだる

診断結果は次のページへGO!

テスト 10 診断結果

正解は A

ふだん、名前って名字で呼ばれることが多いはず。だからこそ、名前で呼んであげると「何!?」ってドキッとしちゃうんだって♡ 彼との親密度を上げたいなら、名前で呼んでみよう！

テスト 11 診断結果

正解は B

彼が話しているときは「あなたの話って、本当におもしろいね！」と、ちょっと大げさに興味を示すのが◎。つまらなさそうな顔をすると「オレのことキライなの？」とゴカイされるから注意して。

テスト12

彼とのキョリを縮めるため、一番大事なことは何？ 次の3つの中から選んでね。

 きちんとあいさつする

 会う機会を増やす

 毎日メールをする

テスト13

恋をかなえるために必要なことは、次の3つの中で、いったいどれだと思う？

 ファッションをかえる

 ダイエットをする

「両思いになる！」と決意する

Part 6 めちゃモテテク講座

診断結果は次のページへGO！

テスト12 診断結果

正解は **B**

一番好感度を上げやすいのは、会う機会を増やすこと！話しかけることができなくても、「何だか最近、あの子のことよく見るな～」って彼に思ってもらえれば、キョリがグッと縮まるはず。

テスト13 診断結果

正解は **C**

「絶対に両思いになるぞ！」と決意すると、不思議なことに、自然と行動力がアップするよ。彼と仲良くなるチャンスも見のがさなくなるから、1日1回、声に出して言ってみよう♡

テスト14

両思いになるために、1つだけ友だちに協力をお願いするとしたら、何が効果的?

 ラブレターをわたしてもらう

 うわさを流してもらう

 かわりに告白してもらう

テスト15

彼と他の女の子が仲良くしているとき、どんな風に受け止めるのが正解だと思う?

 ポジティブに考える

 無理やり話にまざる

 気にしていないふりをする

Part 6 めちゃモテテク講座

診断結果は次のページへGO!

テスト 14 診断結果

正解は **B**

「あの子、あなたのこと好きなんだって！」という恋のうわさを、友だちに流してもらうのが効果的！ 直接「好き」が言えないときは、遠回しに彼にアプローチするのも1つの方法だよ★

テスト 15 診断結果

正解は **A**

うーん…

ライバルにイライラしちゃったときこそ、「どうしたら彼ともっと仲良くなれるかな？」と考えるチャンス！ シットしてネガティブになるより、ポジティブに考えるのがおすすめだよ。

テスト 16

気になる彼をねらいうち！

Part 6 めちゃモテテク講座

大好きな彼とお近づきになる、とっておきのテクを教えちゃう★

彼とデートしているところをイメージしながら、診断を進めてね。

START 1
彼とのデートで、動物園にきたあなた。
入り口で、カラフルな南国の鳥が出迎えてくれたよ。
彼が「ほら、見ろよ！」と指をさしたのはどっちの鳥？

頭が赤い鳥　　　　頭が青い鳥　　

199

2 ライオンが寄りそっていたよ。この2ひきはどんな関係だと思う?

- きょうだい 4へ
- 友だち 5へ

3 仲がよさそうなシマウマに会ったよ。彼に何て声をかける?

- 「カワイイね!」 5へ
- 「キレイなもようだね!」 6へ

4 動物園のカフェで休むことに。あなたならどのケーキを食べる?

- ゾウ、またはライオンのケーキ 7へ
- サル、またはトラのケーキ 8へ

Part 6 めちゃモテテク講座

5 レッサーパンダを見たいけど、行列に並ばないといけないみたい。彼は見たいって言ってるけど、どうする？

並ぶ 9へ　　他の場所へさそう 10へ

6 パンダが気持ちよさそうに、ぐっすりねむっているよ。あなたなら、彼に何て声をかける？

「ねてるだけなんて、いいなぁ」 8へ　　「本当にカワイイよね！」 11へ

7 フラミンゴを見にきたら、彼がトイレにいきたいだって。
いっしょについていく？ ここで待つ？

いっしょにいく 　　ここで待つ

8 歩いていたら大きなクジャクに出会ったよ。
オスのほうがメスよりキレイなんだって。どう思う？

メスのほうが
キレイであるべき！ 　　オスがキレイでも
別にいい

9 お休みしている、サイの親子を発見！あなたの感想は？

「背中に乗ってみたいなぁ」 10へ

「ツノがこわいなぁ」 12へ

Part 6 めちゃモテテク講座

10 大きなキリンが目の前にいたよ。エサやり体験する？

する！ 12へ

しない 13へ

11 木の上にコアラがいたよ。何て声をかける？

「こんにちは！」 14へ

「何してるの？」 15へ

203

12 カバの子どもが歩いているよ。彼になんて言う？

「お母さんはどこなのかな？」 14へ

「何才くらいだろうね？」 15へ

13 カワウソ発見！写真をとりたいけど、どうする？

彼にお願いする 15へ

他の人にお願いする 16へ

14 ヒョウがジッとにらんできた！どうしよう!?

彼に抱きつく → 診断 **A**

彼の手をにぎる → 診断 **B**

Part 6 めちゃモテテク講座

15 ハシビロコウは、あまり動かないことで有名。彼はじーっと見ているけど……、何て声をかけようかな？

「早く行こうよ〜！」 　　「ハシビロコウが好きなの？」

16 動物園のおみやげに、ぬいぐるみを買うことにしたよ。彼用に選ぶなら、何色のぬいぐるみを選ぶ？

オレンジか緑 　　紫か黄色か青

205

テスト 16 診断結果

彼のハートをグッとつかむ、

診断 A

スキンシップを心がけて！

話しかけるときに肩をたたいたり、呼びかけるときに服のそでをツンツンひっぱってみたり。スキンシップ多めに接すると、彼はあなたのことを意識するようになっていくはず♡

楽しかったね！

デート後のメッセージは……

絵文字多めでお礼を

いっしょに遊びに出かけた後は、絵文字たっぷりのメッセージを送ろう。携帯を持ってない子は、次回彼に会うときに「楽しかったよ！」と声をかけるのがおすすめ★

㊙デートスポット

ラブ度アップ！

緑が多いところ

公園や植物園など、自然を身近に感じられる場所に出かけると、もっと彼と仲良くなれるよ！

アプローチ法をしょうかい★

診断 B

女の子らしさをアピール!

服装やしぐさ、言葉づかいを女の子らしくしてみよう。できるだけゆっくり、急がずしゃべるとさらに◎。あなたのやさしいフンイキに、彼はドキッとしちゃうはずだよ。

それでね

Part 6
めちゃモテテク講座

ラブ度
アップ!

デート後のメッセージは……

★ ハートマークを意識して

デートの後にメッセージを送るときは、ハートマークをたくさん使おう。携帯を持ってない子は、彼にメッセージをかいたカードをわたして。「好き」の気持ちが彼に伝わるよ♡

㊙デートスポット

♥ にぎやかなところ

遊園地やテーマパークなど、人が多くてワイワイガヤガヤしているところがデートには◎!

207

おしゃべりは聞き役に！

彼とおしゃべりするときは、聞き役にまわってみよう。「そうなんだ！」「へぇ〜」「おもしろいね！」など、彼が楽しく話せるように意識すると、グッとお近づきになれるよ★

デート後のメッセージは……
デートの画像を送って
遊び終わった後に、2人でいっしょにとった写真をメッセージにつけて送ろう。携帯を持ってない子は、次に会うときまでにアルバムをつくっておくと、喜んでくれるはず！

㊙デートスポット
落ち着いたところ
図書館や博物館など少し落ち着いた、静かな場所が大好きな彼とのデートにおすすめだよ♪

ラブ度アップ！

診断 **D**

笑顔を忘れないで！

彼の前では、できるだけ笑顔でいるのが◎。とくに目が合ったときは、ニコッと彼にほほえみかけるのがおすすめ！ 気になる女の子として、意識してくれるようになるよ♪

Part **6**

めちゃモテテク講座

今度の日曜日に行きたいトコがあるの！

デート後のメッセージは……

次のデートを約束して

「またデートしたいな」「次はいつ会える？」など、次のデートの約束を早めにしよう。携帯を持ってない子は、直接彼に「今度はいつデートする？」と聞いてしまってOK！

㊙テートスポット

ラブ度
アップ！

オシャレなところ

カフェや美術館など、デートにはオシャレなフンイキの場所に出かけてみよう。ラブラブ度がアップするよ。

209

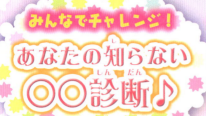

おもしろ心理テストで、いったい何がわかるかな〜!?

あなたは今、100階建てのビルにいるよ。さて、何階にいると思う？

77かな

1！

14？

50だね

あなたが答えた階数は、ズバリ、あなたの精神年れい！

77～100階と答えたあなたは、ちょっと落ち着きすぎかも!? まだ若いのに、おばあちゃんって呼ばれちゃうかも。

40～76階と答えたあなたは、年のわりにはシブい女の子。ケーキやチョコよりも、おせんべいのほうが好きなはず！

14～39階と答えたあなたは、しっかりした考え方ができる女の子だよ。大人っぽいねって言われることも多そう♪

1～13階と答えたあなたは、まだまだ子ども。難しいことを考えるには、まだまだ時期が早すぎる!?

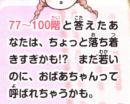

どう？
当たってない？

Part 7

おもしろ診断集めたよっ★

ごちゃ混ぜ心理テスト

シュミレーション心理テスト監修／星野りかこ

クラスのみんなで楽しく診断できる、
おもしろ心理テストだよ！
思わずクスッと笑っちゃう楽しい心理テストで、
みんなの意外な一面が発覚する予感!?
たくさんの友だちをさそって、
ワイワイガヤガヤ、
楽しく盛り上がっちゃおう★

テスト1 あなたのミリョクを診断！

転校先は魔法学校!?

プロローグ

家の事情で、知らない街に転校することになったあなた。転校初日、自己しょうかいのあとで、となりの席のサヤちゃんが「あなたは、どんな魔法が得意なの？」と聞いてきたよ。いったい魔法って、何のこと!?

START 1

「魔法って、どういう意味？」って聞いたら、サヤちゃんは「そんなことも知らないで転校してきたの？　この小学校は魔法学校なんだよ」だって！
それを聞いたときの、あなたの気持ちは？

「ラッキー☆　魔法使いになれるんだ！」→ ② へ

「ムリムリ！　魔法なんてできないよ！」→ ③ へ

7

「今から、そのじゅもんを教えます。
ちゃんと覚えてね」
先生が唱えたじゅもんは、どんな言葉？

- 日本語 →10へ
- 聞いたことがない特別な言葉 →13へ

8

目を開けたら、出てきたのはなんと、ろうそくつきの誕生日ケーキ！
こんなの出すつもりじゃなかったのに、どうして失敗したのかな？

- 集中力が足りない？ →12へ
- ケーキが好きすぎるから？ →11へ

9

「起きなさい」
先生の声で目が覚めたよ。いつの間にかうとうとねむってしまったみたい……。
「もっと集中しないとダメじゃないの」と先生に怒られちゃった！

→ 7 へ

10

教えてもらったじゅもんをノートにかいたけど、とても長くて難しい。どんな気持ち？

できなくて落ちこんじゃう → 15 へ

頭がよくなる魔法をかけてほしい → 12 へ

11

ケーキが好きすぎて、ケーキを出しちゃったみたい。クラスのみんなは、ケーキを見て大笑い。あなたはどんな気持ち？

「好きなものは好きなんだもん！」 → 14 へ

「あーん、はずかしいよ……」 → 15 へ

13

それは、魔法使いしか知らない不思議な言葉。聞いていたらどんな気持ちになると思う?

- パワーがわいてくる → 18へ
- やさしくなる → 19へ

14

すると先生が「心の中にある強い気持ちが魔法になるの。これからも、あなたの『大好き』を大切にしてね」大好きなものからパワーが生まれて、魔法になるなんて!
じゃあ食べ物以外で、あなたの好きなものは何?

- 友だちや家族 → 19へ
- マンガや音楽 → 20へ

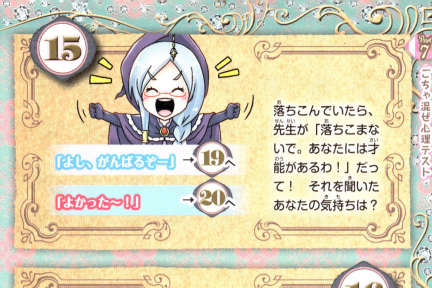

15

落ちこんでいたら、先生が「落ちこまないで。あなたには才能があるわ！」だって！ それを聞いたあなたの気持ちは？

「よし、がんばるぞー」 →19へ

「よかった〜！」 →20へ

16

「うん、がんばるよ」と言ったら、サヤちゃんも「がんばってね」と言ってくれたよ。その声は？

力強かった → 診断タイプ1

やさしかった → 診断タイプ2

17

「ありがとう。自分に自信をもたなくちゃね」そう答えたあなた。どんな感じの声で言った？

 元気よく → 診断タイプ3

 ちょっとはずかしそうに → 診断タイプ4

19

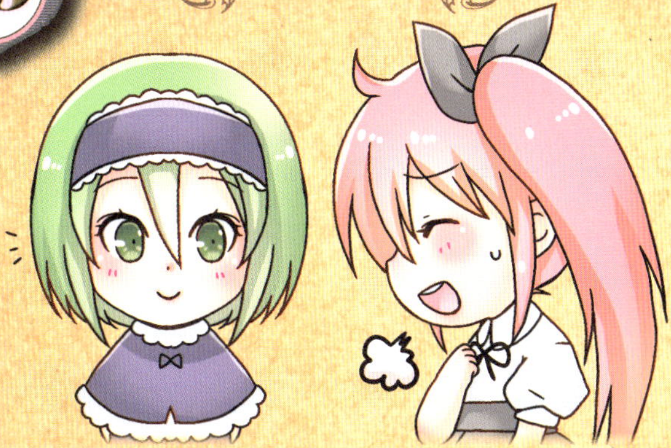

今日一日、いろんなことがあってつかれちゃった。帰るとき、サヤちゃんに「これからも仲良くしてね」と伝えたよ。サヤちゃんは何て返事をしたと思う？

「親友になろうよ」→ 診断タイプ1

「もちろんだよ！」→ 診断タイプ2

20

帰る時間になったら先生が「魔法のことは、ヒミツですよ。絶対にだれにも言わないように」だって。
絶対って言われちゃったけど……。

「うーん、しゃべっちゃうかも……」→ 診断タイプ3

「わかった！　ヒミツにしなきゃ！」→ 診断タイプ4

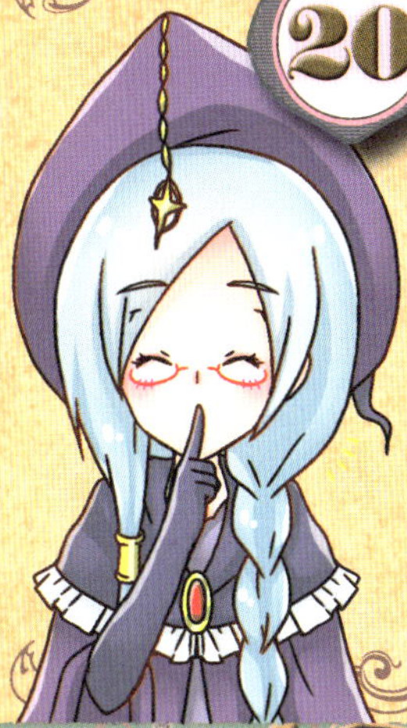

診断結果 1

あなたにねむる魔法のパワー
～自分にモテ魔法をかける方法～

診断 タイプ 1　火の魔法使い

アツくもえる火のような、ポジティブパワーいっぱいのあなた。笑顔のときが、一番ミリョク的に見える女の子だよ。その明るさに、勇気づけられる人がたくさんいるはず！

モテ魔法のヒケツは……

鏡に向かって、笑顔をつくってみて。まぶしいほのおに負けないくらい「明るい笑顔になるぞ！」って強く念じよう。ねむっていたミリョクが、目覚めるよ★

診断 タイプ 2　風の魔法使い

フレッシュな風のように、さわやかなパワーがあるあなた。あなたはおしゃべりで、みんなの注目を集めるタイプ。楽しく話しているときが、一番ミリョク的な女の子だよ♡

モテ魔法のヒケツは……

気になる男子の目を見ながら、心の中で「キラッ」と唱えてみよう！あなたのミリョクが何倍にもかがやいて、彼のハートをギュッとつかむことができるはず。

226

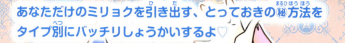

あなただけのミリョクを引き出す、とっておきの㊙方法を
タイプ別にバッチリしょうかいするよ♡

Part 7 ごちゃ混ぜ心理テスト

診断 タイプ3 水の魔法使い

清らかな水のように、やさしいパワーをもっているあなた。人に親切にすればするほど、あなたのミリョクがみんなに伝わるよ。やさしい言葉づかいを心がけると◎。

🌸 モテ魔法のヒケツは……

「みんなが幸せになりますように」って心の中で、1日1回祈ってみて。あなたのオーラが、天使のようにかがやいて、男の子の人気と注目をひとりじめできちゃう♪

診断 タイプ4 土の魔法使い

あなたには、ナチュラルな土のおだやかなパワーが備わっているよ。植物や花といった、自然のものにふれ合っているときこそ、あなたのミリョクが一番かがやく瞬間！

🌸 モテ魔法のヒケツは……

自然の風景を見たり、花びんの水をかえたりするだけで、あなたのミリョクがみがかれるよ。男の子の注目を集めちゃう、モテオーラを身につけることができるはず♡

テスト2 異世界での未来を診断！
妖精の国へようこそ！

プロローグ

ある朝、目覚めると見たこともない森にいたあなた。どうやらここには、妖精の宮殿があるみたい！ 銀色の髪をした妖精が「王女様！やっとお目覚めになりましたね！」だって。まさか私のこと!?

START 1

「私が王女様？ そんなわけないよ！」あなたがちがうと言うと、銀色の髪をした妖精の大臣は肖像画を取り出したよ。「ウソだと言うなら、これを見てください」どんな形の絵だった？

 丸い形の絵 → 2 へ　　四角い絵 → 3 へ

2

絵の中にかかれているのは、あなたとそっくりな妖精。大臣は「さあ早く起きて、準備をしてください。だって今日は女王様の結婚式なんですから!」と言ってきたけど、これから結婚式!?
結婚式の相手はだれだと思う?

人間の王子 → 7 へ

妖精の王子 → 4 へ

3

肖像画にかかれていたのは、あなたとそっくりな妖精。びっくりして、思わず絵を落としてしまったよ。「しっかりしてください。今日は王子様との結婚式じゃないですか!」
王女と王子との関係は?

生まれたときからの婚約者 → 5 へ

政略結婚の相手 → 6 へ

4

ビックリしていたら、大臣が「忘れたんですか？ お相手は、となりの妖精の国の王子様ですよ。ほら、婚約のプレゼントももらったじゃないですか」と、プレゼントを見せてくれたよ。
プレゼントは何だと思う？

宝石 → 8 へ　　楽器 → 10 へ

5

「会えばすぐに王子のことも思い出しますよ」と大臣がにっこりと笑って言ったよ。その手には、色とりどりの花がついた、ウエディングドレスが……。
どうする？

うきうきして着替える → 11 へ

ぼーっと見とれる → 12 へ

大臣は「この国ととなりの国は、長年戦争をしていました。その戦争を終わらせるための結婚なのです」って言うけど……。「だから私は別人です！」大きな声でさけんだら、大勢の妖精の兵隊がやってきて、あなたを無理やりつかまえたよ。
大臣は何て言った？

ろうやへ連れていけ → 9 へ　　おとなしくする魔法をかけろ → 12 へ

9

連れていかれたのは、お城の中にあるろうや！ そこでドレスに着がえさせられちゃった。大臣は「結婚式の時間まで、そこでおとなしくしていてください」そう言って、ろうやのカギを閉めてしまったよ。これからどうする？

チャンスを待つしかない → 15へ

何とかしてにげてやる → 16へ

10

「この楽器です」と取りだした楽器は、金色の横笛。「音色もきれいなんですよ」と、大臣がいきなり演奏を始めたよ。その音色を聞いたあなたは……？

うっとりして、ぼーっとした → 12へ

あぶないと思って、耳をふさいだ → 6へ

11

ドレスに着がえて教会にやってきたあなた。中で、王子が待っているよ。「このまま結婚するのかな……」そんなことを考えていると、緑色の服を着た妖精が目の前に立ちふさがったよ！
その妖精は何ていったと思う？

「この王女はにせものです」→ 17 へ

「早くここからにげよう！」→ 18 へ

12

ぼーっとなっていたら、ウエディングドレスに着がえさせられちゃった！　色とりどりの花がついた、きれいなドレス。そのまま強引に、教会までつれていかれることに！
そのときのあなたの気持ちは？

このままじゃいけない！→ 16 へ

何とかしてここからにげたい → 13 へ

13

「こんなの絶対にイヤ！」あなたは大きな声でさけび、近くにあった窓から外ににげようとしたよ。
そのあと、どうなったと思う？

- 大臣につかまった → 14 へ
- うまくにげた → 16 へ

14

「おとなしく、言うことを聞きなさい」大臣がこわい目でにらんだ瞬間、緑色の服を着た妖精が現れ、「こんなことはまちがってます！」と助けてくれたよ。そして大臣を突き飛ばして、あなたを外に連れ出したよ。

→ 18 へ

15

ろうやの中で、じっとうずくまっていると、いきなりカベの一部がこわれた！　そしてその中から、見たことのない緑色の服を着た妖精が出てきて言ったよ。「さあ、ここからにげて」
この妖精はだれ？

- 本物の王女 → 19 へ
- よくわからないけど味方 → 20 へ

Part 7 ごちゃ混ぜ心理テスト

19

その妖精は、よく見るとあなたそっくり！ 「私が妖精の国の王女です。悪い大臣が、この国を思いどおりにするために、魔法を使って私とあなたを入れかえたのです」
それを聞いたあなたはどうする？

- 王女といっしょに大臣と戦う → 21へ
- 元の世界に戻してとたのむ → 22へ

20

よく見ると、妖精は美しい男の子だったよ。「ぼくは王女のおさななじみで、ぼくたちは恋人同士だったんです。でも他の人と無理やり結婚させられそうになったので、王女があなたを身がわりにしたのです」
彼は、どうしてあなたを助けてくれたんだと思う？

- あなたを不幸にできないから → 22へ
- 大臣と戦うために協力してほしいから → 21へ

診断結果2

あなたがもし、異世界にいったら？
〜異世界での職業診断〜

診断タイプ A 勇者

診断タイプ B 魔導士

アクティブでフットワークが軽いあなた。異世界ではゆうかんな勇者になって、困っている村人を助けて感謝されそう。

冷静で意志が強く、行動力があるあなた。異世界ではふだん物静かだけど、いざというときには魔法で村人を守るはず。

✧ 現実世界では……
みんなの気持ちを代表して、ハキハキと発言する職業につきそう。新しい時代の女性として、かつやくしているよ。

✧ 現実世界では……
とても冷静で、知的な女性になっているはず。「この人についていけば、だいじょうぶ」ってみんなが信らいしてくれるよ。

異世界で大人に成長したら、あなたはどんな職業につくと思う？
心理テストで診断しちゃうよ★

診断タイプ C　ヒーラー

心やさしく、困っている人を放っておけないあなた。異世界では傷ついた人を治したり、疲れた人を元気づけたりするよ。

現実世界では……

現実でも、困っている人を見ると放っておけないタイプ。友だちがなやんでいたら、親身になって相談に乗ってあげる人。

診断タイプ D　吟遊詩人

個性的で、想像力が豊かなあなた。異世界では、歌や音楽で仲間を勇気づけたり、なぐさめたりして、生活しているみたい。

現実世界では……

現実では、芸術に夢中になっているかも。あなたがつくるものは多くの人に感動を与え、心を元気にするはずだよ。

もしあなたが、プリンセスだったら どんな恋、どんな結婚をする？

テスト1の結果とテスト2の結果を組み合わせて、
あなたのプリンセスタイプを診断するよ★

💛 **診断方法** 💛

左の表からテスト1の結果とテスト2の結果を組み合わせて、
診断結果をチェックしてね。

※横がテスト1、縦がテスト2だよ。

問題	タイプ1	タイプ2	タイプ3	タイプ4
タイプA	1	1	2	3
タイプB	1	2	3	5
タイプC	2	3	4	6
タイプD	4	4	5	6

Part 7 ごちゃ混ぜ心理テスト

タイプ1
ベル

知的で自分をしっかりもっているあなたは『美女と野獣』のベルタイプ。野獣の外見にまどわされなかったベルのように、あなたも外見ではなく中身で相手を選ぶはず。同じシュミをもっている人や、話が合う人と恋に落ちるよ♪

♡ どんな結婚をする？ ♡

どんなに彼のことが好きでも、言うべきことはちゃんと主張するあなた。結婚するときも、自分の気持ちをきちんと伝えるあなただから、逆プロポーズ、なんてことも！

243

タイプ2 白雪姫

明るくて、友だち思いのあなたは『白雪姫』タイプ。7人の小人と仲良く暮らした白雪姫のように、最初は恋を意識せず友だちづきあいをするかも。でもある日突然、意識し始めて気がついたら恋に落ちていた、という流れになりそう♡

♡ どんな結婚をする？ ♡

友だちから自然と恋人になるから、本人たちだけじゃなく親も友だちも、学校の先生までが「いつ結婚するんだろう」と思って、2人のことを応援してくれるはず。

タイプ3 シンデレラ

エレガントで女子力が高いあなたは『シンデレラ』だよ。おしゃれで、ちょっとしたしぐさも上品なシンデレラのように、たくさんの人が注目しているよ。でもシャイな性格だから、好きな人の前ではモジモジしちゃうタイプ。

♡ どんな結婚をする？ ♡

あなた1人を一生大切にしてくれる、誠実でマジメな人を選びそう。長くおつき合いをしてから結婚して、たくさんの子どもに囲まれた温かい家庭をつくるはず♡

タイプ4 ラプンツェル

しんちょうで用心深いあなたは、『ラプンツェル』タイプだよ。見た目はおとなしそうに見えるけど、心の中はとても情熱的で、しんの強い女の子。そんなあなたは、1つのことに真剣に打ち込む男の子と、運命的な恋に落ちそう。

♡ どんな結婚をする？ ♡

たとえまわりに反対されても、彼と遠くはなれても、しっかり愛を育んでいくあなた。そして最後はみんなに祝福されて、笑顔でウエディングベルを鳴らすはず！

タイプ5 人魚姫

思いやりがあるあなたは、『人魚姫』タイプだよ。自分より他の人を優先できる、やさしさの持ち主だね。そんなあなたは、守ってあげたくなるような、かわいい男の子と恋に落ちそう。「応援してあげたい！」って、キュンとなるみたい♡

♡ どんな結婚をする？ ♡

結婚してからも、あなたはいろいろと彼の世話を焼いてあげちゃうタイプ。「しょうがないなぁ」なんて言いながら、彼にたくさん愛されて幸せな結婚生活を送るみたい。

タイプ6 いばら姫

マイペースなあなたは、『いばら姫』タイプだよ。ねむっている間に王子が助けに来てくれたいばら姫のように、ラッキーな恋をするかも。自分でがんばらなくても、友だちが応援してくれて、ハッピーなおつき合いが始まりそう！

♥ どんな結婚をする？ ♥

みんなから「いいな〜！」って言われるようなステキな人に愛されて、結婚することになるみたい。まるで、映画のようにロマンチックな結婚式をあげて、幸せに暮らすはずだよ。

簡単！楽しい！
イラスト心理テスト

質問を読んで、イラストから答えを想像するだけで、いろいろなことがわかっちゃう！

Part 7 ごちゃ混ぜ心理テスト

テスト3
車がこわれて困っている女性がいるよ。2コマ目に入る出来事は次のうち、どれだと思う？

A タクシーに乗った

B 友だちに電話した

C 知り合いが助けてくれた

診断結果は次のページへGO！

診断結果 3
このテストでわかるのは……
心のおつかれ度

A 元気100%

あなたは今、元気いっぱいみたい！ いつもよりちょっとがんばった日も、ぐっすりねむれば、すぐに回復するはず。今ならなんでもできちゃうよ★ やりたかったことにチャレンジするチャンスかも！

B 元気80%

ほんの少し、おつかれモードに入っているかも。でも、仲良しの友だちとおしゃべりすれば、モヤモヤが吹き飛んで、一気に元気になれるはず！ おいしいお菓子を食べながら、楽しい時間を過ごして。

C 元気40%

自分が思っている以上に、つかれがたまっているかも！ 今日はゆっくりごはんを食べて、しっかり休むのがおすすめだよ。「もう少しくらい、だいじょうぶかな」なんて無理しないようにね♪

250

テスト4　突然、男の子から告白された女の子。彼女は彼に、何て返事すると思う？

A 「私も好き！」と彼に抱きつく

B 顔を真っ赤にして固まっちゃう

C 「ごめんなさい！」とあやまる

D 「考えさせて」と返事をしない

テスト5　お母さんがミルクをあげようとしたら、赤ちゃんがしゃべった！　そのセリフは？

A 子どもあつかいしないでよね！

B おいしくないな。他のない？

C たまにはちがうものが食べたいな

D このミルク、とってもおいしいね

診断結果は次のページへGO！

このテストでわかるのは……
ナルシスト度

A ナルシスト度は低め

自信はあるけど、ナルシストではないあなた。自分で思っている以上に、けんきょな性格だよ。

B かくれナルシスト

そんなつもりはないはずなのに、友だちから「ナルシストだよね〜」ってカゲでうわさされているタイプ。

C かなりのナルシスト

あなたは自他共にみとめる、かなりのナルシスト。鏡を見て「今日もカワイイ♡」とうっとりしているはず。

D 無自覚ナルシスト

あなたは自分では自覚はしていないけれど、かなりのナルシスト。まわりも「またか……」って思っていそう。

このテストでわかるのは……
喜怒哀楽の激しさ

A 激しさ90%

喜怒哀楽の激しさはナンバーワン！ちょっとしたことですぐカーッとなったり、大笑いしたりいそがしそう。

B 激しさ30%

感情を顔に出すのが照れくさくて、ひかえめにしちゃうあなた。心の中ではいろいろなことを考えているはず！

C 激しさ60%

きっかけさえあれば、喜怒哀楽がばくはつするタイプ。シチュエーションによって、気分がガラッとかわる人。

D 激しさ20%

あなたはあまり、喜怒哀楽が激しくない人。おだやかで、ゆったりした気持ちの持ち主だよ。

テスト6　これは、大金持ちの家の庭をかいたもの。イラストを見ながら質問に答えてね。

 庭にある置物の中で自分に一番「似ている！」と思うのはどれ？

A  ヤリを持っている戦士　**B** 水がめを抱えている人魚　**C** 祈りをささげている女神

 池の中には魚がいるみたい。何びきいると思う？

 イラストにかかれている2ひきのネコは、どんな関係？

 この家には、たった1人で女性が住んでいるんだって。その人は何才だと思う？

診断結果は次のページへGO!

診断結果6

質問1 の答えでわかるのは……
恋愛情熱度

 超情熱的！
 超アマノジャク！
 超クール！

好きな男の子ができたら、朝から夜まで彼のことばかり考えちゃう、超情熱的なタイプ。

本当は情熱的なのに、それをかくして冷静なふりをする、アマノジャクなタイプだよ。

相手を好きになるより、好かれるほうが多いあなたは、恋愛に対して超クールなタイプ！

質問2 の答えでわかるのは……
一生のうちでつき合う男の子の人数

質問2で答えた魚の数は、あなたがつき合う男の子の人数！　答えが50ぴき以上なら、デートでいそがしくって大変かも!?

質問3 の答えでわかるのは……
男の子とのつき合い方

質問3の答えは、あなたの男の子とのつき合い方を表しているよ。ネコの関係を恋人や家族と答えた人は、ベタベタするのが大好き。親友や友だちと答えた人は、さっぱりしたつき合いが好きなはず。知らない者同士って答えた人は、そもそも男の子がニガテかも!?

質問4 の答えでわかるのは……
恋愛精神年れい

質問4で答えた年れいは、あなたの恋愛精神年れい！　10才以下って答えた人は、まだまだお子様の恋愛。20〜30才と答えた人は、けっこう大人の恋愛観かも。31才以上って答えた人は、恋愛精神年れいが高すぎて、ふつうの恋じゃ満足できないかも!?

森の中でクマが木を見上げているよ。イラストを見ながら質問に答えてね。

 クマが見ている木はリンゴの木みたい。リンゴはいくつ実っていると思う?

 高いところにある大きなリンゴを取ろうと、クマがジャンプを始めたよ。何回目のジャンプで取れたと思う?

 森の中で、突然ガサッと音がしたよ。クマの他にも動物がいるみたい。それは、どんな動物?

 森の奥に山小屋が! 中に何人いると思う?

診断結果は次のページへGO!

診断結果7

質問1 の答えでわかるのは……
好きな男の子の人数

質問1で答えたリンゴの数は、今、あなたが「いいな♡」と思っている男の子の数だよ！　リンゴの数が多ければ多いほど、いろいろな人が気になって、本命を決められない証！

質問2 の答えでわかるのは……
何回目の恋で運命の彼に出会えるか

質問2で答えた回数は、運命の彼に出会えるまでの恋の数。5回で成功すると答えた人は、5回目の恋の相手が運命の彼♡　100回って答えた人は、がんばらないと出会えないかも!?

質問3 の答えでわかるのは……
相性◎の男の子のタイプ

質問3で答えた動物は、あなたと相性ピッタリの男の子。シカって答えたら、スマートで運動神経バツグンの男の子と相性◎。リスなら、すばしっこくて行動力があるタイプ。クマやオオカミなら、男らしくて積極的な男の子だよ♪

質問4 の答えでわかるのは……
恋のライバルの数

質問4で答えた人数は、ズバリ、あなたのまわりにいる恋のライバルの数。「だれもいない」と答えた人は、今のところ、ライバルはいないみたい。100人って答えた人は……大変だけど、がんばって！

テスト8 この絵、何に見える？

A メッセージカード　**B** クッキー　**C** 玄関マット

テスト9 これは何だと思う？

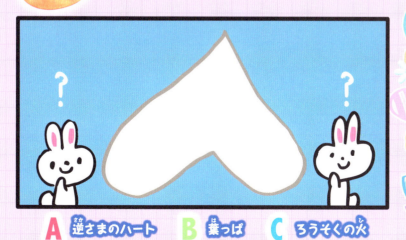

A 逆さまのハート　**B** 葉っぱ　**C** ろうそくの火

診断結果は次のページへGO！

診断結果 8 このテストでわかるのは……
ケチ度

A 90%
あなたは、超がつくくらいのケチケチ人間。「今月もピンチなんだ～」って言いながら、じつはこっそり貯金しているタイプ！

B 20%
あなたは、ケチとは正反対のタイプだよ。使いたいときに景気よくパ～ッと使っちゃうから、おこづかいはいつも足りないはず。

C 40%
あなたはケチというよりも、上手に節約ができる人。ほしいものを買うために、コツコツと地道に貯金ができるタイプだよ。

診断結果 9 このテストでわかるのは……
きけんな恋にハマる度

A 40%
「突然、ステキなスパイが現れたら……！」なんて、きけんな恋にあこがれるけど、いざとなると勇気が出ないタイプ。

B 20%
恋の経験は、まだまだこれからのあなた。きけんな恋にハマるより、「キュンとときめく恋がしたい♡」と考えているはず。

C 80%
ついつい、きけんな恋を引き寄せちゃうタイプ。ドラマチックな恋ばかりしていると、ふつうの恋じゃ満足できなくなるかも!?

テスト10　この絵、何に見える？

A コウモリ　　**B** ピエロのメイク　　**C** 仮面

テスト11　これは何だと思う？

A 女の人の頭　　**B** 木のドア　　**C** 流れ落ちる滝

診断結果は次のページへGO！

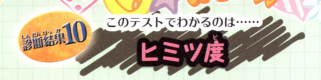

このテストでわかるのは……
ヒミツ度

 0%
あなたは、どんなことでも家族や友だちに打ち明けちゃうタイプ。かくしごとはせずに、何でもオープンに話しちゃう人。

B 30%
恋愛に関してはヒミツにするけど、他のことは打ち明けるあなた。恋のことだけは、気軽におしゃべりできないみたい。

 80%
あなたはとってもヒミツが好きな人だよ。ナイショにしなくていいことも「それはヒミツ！」と話したがらないタイプ。

このテストでわかるのは……
二重人格度

A 90%
接する相手によってコロコロ態度をかえちゃう、カメレオンみたいなあなた。別人のような対応に、びっくりしている人もいるはず。

 **40%**
あなたは、少し二重人格なタイプ。とくに好きな人や気になる男の子の前では、上品なおじょう様を気取っちゃうみたい！

 0%
ウラも表もなく、さっぱりした態度のあなた。年上の人にも堂々と接するから、大人っぽく見られることが多そう。

テスト12 この絵から音が聞こえるとしたら、どんな音？

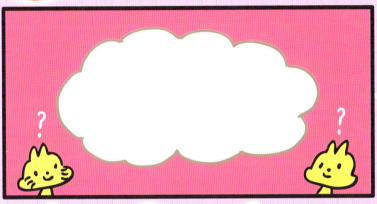

A ふわふわ　B ぷかぷか　C モニョモニョ

テスト13 この絵にぴったりな音は、どんな音？

A キラキラ　B ピカピカ　C ツルツル

診断結果は次のページへGO！

診断結果12 このテストでわかるのは……
なまけ者度

A 80%
あなたは、かなりのなまけ者！ どんな時も「どうすれば、もっと楽ができるかな？」と一生けん命、考えちゃうタイプ。

B 40%
がんばるときと、サボるときの差が激しいあなた。やるときはやるけど、つかれたら、とちゅうであきらめちゃうことも……。

C 10%
どんなときも、マジメで一生けん命なあなた。サボっている人を見ると「ちゃんとやりなさいよ！」ってイラついちゃうはず。

診断結果13 このテストでわかるのは……
ミエっぱり度

 80%
どんなときもミエをはっちゃう、ミエっぱり！ 負けずギライだから、何でも一番になれないときげんが悪くなるタイプ。

 40%
あなたは、恋愛に関するときだけ、ミエをはっちゃう人。「あの子、私のこと好きらしいよ！」なんて、話を盛ることもあるはず。

 10%
「すごい！」とほめてもらえるより、「ドジっ子」と思われたほうが楽だと思っているあなた。ワザとボケることもあるんじゃない？

テスト14　この絵から音が聞こえるとしたら、どんな音？

A パンッ！　　**B** ゴンッ！　　**C** ビビッ！

テスト15　この絵にぴったりな音は、どんな音？

A プツプツ　　**B** つぶつぶ　　**C** ポツポツ

診断結果は次のページへGO！

診断結果14 このテストでわかるのは……
腹黒度

A 40%
たま～に「ちょっとイジワルかな？」と心の中で思いながらも、ちくっとイヤミを言っちゃうあなた。腹黒度はそこそこだよ。

B 20%
ウラで悪口を言ったり、かくれてイジワルをしたりするくらいなら、直接相手に伝えるタイプ。ストレートな性格だね。

C 80%
あなたは腹黒と言うより、計算高いタイプ。相手の反応を見ながら、言うことを聞くふりをして自分の思いどおりにしちゃう人。

診断結果15 このテストでわかるのは……
怒るとこわい度

A 80%
ふだんはおだやかでおとなしい分、怒ると別人のようにこわくなるあなた。もしかしたら、クラスで一番の権力者かも!?

B 40%
自分ではめいっぱい怒っているつもりでも、あまりこわくならないタイプ。迫力を身につけるなら、目力を意識するといいかも!?

C 10%
いつもプリプリしているから、まわりのみんなには「本気で怒ってないし、だいじょうぶ」って、なめられちゃっているかも!?

テスト16

女の子が本を夢中で読んでいるよ。本のタイトルは『ヒミツの○○』。○○に入る言葉は?

A 計画　B 王国　C 約束

テスト17

温泉の説明がカンバンにかかれているよ。でも、よごれて見えないところがあるみたい。そこには何がかいてあると思う?

A 肌がツルツル　B 病気が治って元気　C 幸運

診断結果は次のページへGO!

診断結果16 このテストでわかるのは…… 先生からの評価

 しっかり者！
あなたは学校の先生から「しっかりしていて、たよりになるな」って思われているみたい。かなり評価は上々だよ★

 ワガママ！
学校の先生は、あなたのことを「ちょっとワガママだな……」って思っていそう。もう少し、人の意見を聞くといいかも！

 マジメ！
「とってもマジメだな！」と言うのが、先生からのあなたの評価。マジメすぎて、逆にちょっと心配されているかも!?

診断結果17 このテストでわかるのは…… 学校で不満に思っていること

 厳しいルールがイヤ！
何かと厳しい校則に、うんざりしている状態。もっと自由に、いろいろなことにチャレンジしたい気分みたいだね。

 うるさい先生がイヤ！
学校に、ちょっとニガテな先生がいるのかも。その先生がいるだけで「イヤだな」とやる気をなくしちゃうみたい。

 自分自身がイヤ！
なかなか思うように目標をクリアできなくて、自分に対してモヤモヤした不満をかかえているね。リラックスを心がけよう。

テスト18

何者かからナゾの手紙が届いたけど、にじんでいて文字が読めない! 何がかいてあったと思う?

質問1 あなたは……のあとに入るのは?

A イイ子 B イジワル
C 天才 D 親切な子

質問2 あの子は……のあとに入るのは?

A イイ子 B イジワル
C 天才 D 親切な子

テスト19

街を歩いていたら、大好きなタレントのポスターを発見。文字が小さいせいで読めないけど、何のポスターだと思う?

A 旅行の広告
B コスメの広告
C テーマパークの広告

診断結果は次のページへGO!

診断結果18 このテストでわかるのは……
あなたの本心

質問1の答えは「あなたが本心で思っている、自分に対する評価」だよ！他の人の前では言わないけど、本当はカワイイ・天才って思ってない!?

質問2の答えは「好きな人の前でのあなたの行動」。本当は、とっても好きなのに彼にイジワルしちゃう子、だ～れだ!?

診断結果19 このテストでわかるのは……
カリスマ性

 一部でカリスマ
あなたは一部の人から、まるでアイドルのようにちやほやされるミリョクの持ち主！ 笑顔をみがくと人気がアップするよ。

 気さくな人気者
あこがれの対象になると言うよりは、みんなと仲良くおしゃべりをする、気さくな人気者があなたのポジションだよ♪

 **超カリスマ**
だまっていても、まわりが放っておかない超カリスマタイプ。何もしていないのにいつも自然と、みんなが寄ってくるはず。

何でも丸わかりっ！
おもしろ4コマ心理テスト

4コマ漫画を読んで、みんなの心の奥にある
ヒミツをあばいちゃおう！

テスト20　ネコとネズミの終わりなき戦い

ネズミとネコの戦いを4コママンガにしたよ。3コマ目に入るのは、どれだと思う？

A しっぽをふんじゃった！

B スズを落としちゃった！

C ネズミの応援団がきた！

診断結果は次のページへGO！

失敗のごまかし方

診断結果20
このテストでわかるのは……

A ギャグでごまかす

失敗をしたときは、ギャグにしてごまかすあなた。ミスをしても、「みんなが笑ってくれればOK」と考えているね。でもそのギャグがおもしろくないと、さらにみんながイヤな顔をしちゃうかも……。

B 話題をそらす

あなたは、ミスをしたらパッと話題を切りかえて、まわりの興味を別のものにそらそうとするタイプ。新しい話題に注目を集めさせて、失敗したことをみんなの頭からサッと消しちゃう天才だよ★

C 他人のせいにする

さりげなく他の人のせいにして、自分の失敗をごまかすタイプ。最初は「しょうがないなぁ」ってゆるしてくれるかもしれないけど、何回も人のせいにしていると、怒られちゃうから要注意！

テスト21 彼と彼女の悲しい別れ

恋人同士の別れを4コマにしたよ。4コマ目に入るのは、どのマンガだと思う？

A 自転車でおいかける

B うっかり転んじゃう

C 必死に走る

D どこまでもおいかける

診断結果は次のページへGO！

あなたがよくやる恋の失敗

診断結果21
このテストでわかるのは……

A しつこい！

あなたのしつこさが、彼をつかれさせちゃっているみたい。自分の話を聞いてもらうより、彼の話を聞くように心がけよう！

B すぐあきらめる！

ちょっと冷たくされると、あっさり恋をあきらめちゃうあなた。ゴカイやかんちがいもあるから、メゲちゃう前にもう少し確かめてみて！

C ガサツ！

言葉づかいや行動がちょっぴりガサツだから、彼にがっかりされることも。マナーやエチケットに気配りして、女の子らしく対応しよう♪

D KY！

タイミングを考えずに、アプローチしすぎ〜！ 彼がいそがしいときは、落ち着くまで見守るのが◎。観察する力をみがいてね！

チョウチョがサナギから羽化するところを、4コマにしたよ。4コマ目に入るマンガは？

A じつはチョウチョ じゃなかった

B 他の虫に ねらわれる

C うまく 飛べない

D 自由に 飛びまわった

診断結果22 このテストでわかるのは…… 恋のコン

A 自信がない！

「どうせ私なんて……」が口グセのあなた。こんな自分を好きになってくれるはずがないと、告白する前にあきらめていないかな？ そんなイジイジした気持ちが、ステキな恋を遠ざけているみたい。

コンプレックスをげきたいする 魔法の言葉
私が世界で一番すごい！

自信を育てる魔法の言葉だよ♪

B 信用できない！

「だまされるかも……」と、いつも不安をかかえているあなた。「かわいいね！」とほめてもらっても「絶対ウソ！」と信用することができないでいるみたい。相手を信じないと、恋は始まらないよ！

コンプレックスをげきたいする 魔法の言葉
信じたいことは、信じる！

相手を信じる魔法の言葉だよ★

プレックス

モテないし別にいいの…

C

モテない！

「モテないから……」と、最初から恋をあきらめているあなた。でも「モテない」という思いこみが、さらにあなたをモテない女の子にしているみたい。あきらめる前に、かわいくなる努力をしよう！

コンプレックスをげきたいする　魔法の言葉

モテモテになっちゃうさ！

モテない呪いをとく
魔法の言葉だよ♡

友だちだし… いやっ

D

一番になれない！

「いつも本命になれない……」って、思いこんでいるあなた。「フラれるくらいなら、友だちのままでいいや」という勇気のなさが原因かも。勇気を出して、好きな人に気持ちを伝えてみよう。

コンプレックスをげきたいする　魔法の言葉

彼に一番愛されちゃうさ！

彼の本命になる
魔法の言葉だよ！

監修 マーク・矢崎治信（やざきはるのぶ）

1959年4月22日生まれ　おうし座　O型。
子供の頃から神秘的なものに興味を持ち、独学でさまざまな神秘学を学ぶ。20歳で月刊少女誌『マイバースデイ』（実業之日本社刊）に連載を開始し、人気占い師の仲間入り。西洋占星術から心霊現象の解明まで守備範囲は広く、特におまじない研究に関しては"おまじないブームの仕掛け人"として、時の人に。その後もテレビ、雑誌、新聞を中心に活躍し、また異業種企業とタイアップしての商品（お菓子、玩具、ゲームその他）開発にも携わる。現在も毎日新聞朝刊の占い担当のほか、WEB上や携帯電話の占いなどで大活躍中。
ＨＰ○http://www.setsuwa.co.jp/markYazaki.php

カバーイラスト、漫画◆紫月あざみ
本文イラスト◆おおもりあめ、らっつ、池田春香、せり★のりか、山下しーな、ナカムラアヤナ、
　　　　　　　愛野おさる、菅野紗由、朝吹まり、星野ニア、エツ子の胃袋、オチアイトモミ、ななお、
　　　　　　　Mika、シロシオ、いしいみえ
本文デザイン◆根本直子（株式会社説話社）、萩原美和、吉原敏文
カバーデザイン◆橋本千鶴
編集協力◆平田摩耶子（株式会社説話社）
シミュレーションテスト協力◆星野りかこ
編集担当◆遠藤やよい（ナツメ出版企画株式会社）

ナツメ社Webサイト
http://www.natsume.co.jp
書籍の最新情報（正誤情報を含む）は
ナツメ社Webサイトをご覧ください。

ホントの自分がわかる!?（じぶん）
心理テスト キラキラ★スペシャル（しんり）

2018年1月1日　初版発行
2019年9月1日　第4刷発行

監修者　マーク・矢崎治信（やざきはるのぶ）　　　Mark Yazaki Harunobu,2018
発行者　田村正隆

発行所　株式会社ナツメ社
　　　　東京都千代田区神田神保町1-52　ナツメ社ビル1F　（〒101-0051）
　　　　電話　03-3291-1257（代表）　　FAX　03-3291-5761
　　　　振替　00130-1-58661
制　作　ナツメ出版企画株式会社
　　　　東京都千代田区神田神保町1-52　ナツメ社ビル3F　（〒101-0051）
　　　　電話　03-3295-3921（代表）
印刷所　株式会社リーブルテック

ISBN978-4-8163-6377-1　　　　　　　　　　　　　　　　Printed in Japan

本書に関するお問い合わせは、上記、ナツメ出版企画株式会社までお願いいたします。

＜定価はカバーに表示してあります＞＜落丁・乱丁本はお取り替えいたします＞
本書の一部または全部を著作権法で定められている範囲を超え、
ナツメ出版企画株式会社に無断で複写、複製、転載、データファイル化することを禁じます。

心理テストつき プロフィール帳

楽しい心理テストがついたプロフィール帳だよ★
友だちに配って、みんなで盛り上がろう！

プロフィール帳って？

プロフィール帳は、友だちやクラスメイトともっと仲良くなるために、プロフィールをかいてもらうカードのこと！　たくさん集めて、みんなとの親密度をアップさせちゃおう♪

★プロフィール帳の使い方★

❶

友だちにわたす

プロフィール帳を友だちにわたそう。「心理テストの答えは、かき終わったら教えてあげるね」と伝えることを忘れずにね。

❷

かいてもらう

できるだけ、たくさんの友だちにかいてもらおう！　プロフィール帳が足りなくなったら、カラーコピーをして使うのがおすすめ。

❸

心理テストをする

プロフィール帳の心理テストの診断結果は、次のページにあるよ。かき終えたプロフィール帳をもらうときに、教えてあげて。

心理テストつきプロフィール帳の 診断結果

プロフィール帳をかいてもらったら、心理テストの診断結果を教えてあげてね！

テスト1

不思議な花を発見！　どんな香りがすると思う？

これは友だちの「あまえんぼう度」を診断する心理テストだよ！
さて、友だちは何て答えたかな!?

- **A　ブドウの香り** と答えたあなたは……
  → かなりの、あまえんぼう！　だれにでも「お願い♡」とかわいくあまえちゃう。

- **B　モモの香り** と答えたあなたは……
  → 相手によって態度をかえるタイプ。恋人や親友にはべったりあまえちゃう人！

- **C　レモンの香り** と答えたあなたは……
  → 素直にあまえることを「はずかしい」と思っている人。意地をはっちゃうことも。

テスト2

インド料理、日本料理、フランス料理、アイスクリーム、手作り弁当。それぞれ「いっしょに食べたいな」と思う異性は、だれ？

これは友だちの「異性に対するかくれた思い」を診断する心理テストだよ！　さて、友だちは何て答えたかな!?

- **A　インド料理** → いっしょにスポーツしたい人
- **B　日本料理** → キスしたい人
- **C　フランス料理** → 尊敬している人
- **D　アイスクリーム** → 友だちと思っている人
- **E　手作り弁当** → 大好きな人

何でもマイ ベスト

スキな動物は　1位　2位　3位
ほしいものは　1位　2位　3位
今、気になるのは　1位　2位　3位

いきなり！ 未来予想！ 大人になった私は…

才で結婚 ♥　　の仕事をして　　に住んでいる

心理テスト2

それぞれ「いっしょに食べたいな」と思う異性は、だれ？

| インド料理 | 日本料理 | フランス料理 | アイスクリーム | 手作り弁当 |

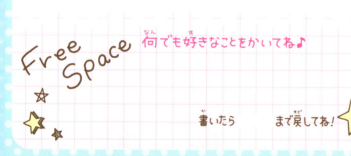

Free Space

何でも好きなことをかいてね♪

書いたら　　まで戻してね！

何でもマイ♥ベスト

スキな動物は　　　　ほしいものは　　　　今気になるのは

1位　　　　　　　　1位　　　　　　　　1位

2位 ....　　　　2位 ....　　　　2位 ....
3位 ....　　　　3位 ....　　　　3位 ....

いきなり！ 未来予想！大人になった私は…

才で結婚♥　　　　の仕事をして　　　　に住んでいる

心理テスト2

それぞれ「いっしょに食べたいな」と思う異性は、だれ？

インド料理　　日本料理　　フランス料理　　アイスクリーム　　手作り弁当

Free Space　何でも好きなことをかいてね♪

書いたら　　　まで戻してね！

心理テスト2

それぞれ「いっしょに食べたいな」と思う異性は、だれ？

インド料理	日本料理	フランス料理	アイスクリーム	手作り弁当

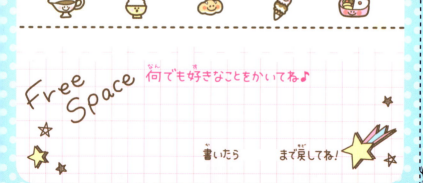

何でもマイ♡ベスト

スキな動物は　　　ほしいものは　　　今、気になるのは

1位　　　　　　1位　　　　　　1位

2位　　　　　　2位　　　　　　2位
3位　　　　　　3位　　　　　　3位

いきなり！ 未来予想！ 大人になった私は・・・

　　才で結婚♡　　　の仕事をして　　　に住んでいる

心理テスト2

それぞれ「いっしょに食べたいな」と思う異性は、だれ？

インド料理　　日本料理　　フランス料理　　アイスクリーム　　手作り弁当

Free Space

何でも好きなことをかいてね♪

書いたら　　まで戻してね！

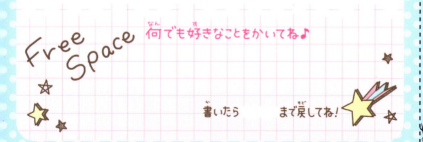